Prof. Hademar Bankhofer

Verdauungs-Training

Prof. Hademar Bankhofer

Verdauungs-Training

Wirksame Vorbeugung und Behandlung
von Magen- und Darmbeschwerden

HERBIG
Gesundheitsratgeber

Umschlag: Wolfgang Heinzel
Umschlagbild: Ferenczy-Media
Satz: Walter Typografie & Grafik, Würzburg
Gesetzt aus: 10,7/13,5 Optima
Druck und Binden: Jos. C. Huber, Dießen
Printed in Germany
ISBN 3-7766-1983-X

Inhalt

Vorwort: Wie geht es Ihrer Verdauung?

Haben Sie seinerzeit den Kinofilm »Jurassic Park« gesehen? Wenn ja, dann können Sie sich vielleicht an eine kleine Nebenepisode erinnern: Da war ein süßer, kleiner Dinosaurier. Der hatte erhebliche Probleme mit seiner Verdauung. Er war ganz verzweifelt, denn er konnte nicht. Er war vollkommen blockiert im Darm. Es funktionierte nicht. Alle Bemühungen waren vorerst vergebens. Der Dino wurde trauriger und trauriger.

Dann endlich klappt es. Und wie! Da war plötzlich hinter dem kleinen Dino ein riesiger Haufen. Größer als der Dino.

Ganz ehrlich: Gibt es ein besseres und originelleres Symbol für eine klaglos funktionierende Verdauung, für das befreiende Erfolgserlebnis nach einer Verdauungsstörung als die kleine Geschichte des ebenso kleinen Dinosauriers?

So eine Episode erzählt man auch gerne weiter. Man redet darüber. Ganz anders ist es mit den ureigenen, persönlichen Verdauungsproblemen. Darüber redet man nämlich nicht gern. Ja, viele vertrauen sich nicht einmal ihrem Arzt an, weil sie sich genieren. Das macht die erfolgreiche Behandlung von Verdauungserkrankungen oft so schwierig.

Viele genieren sich, über ihre Verdauung zu reden

Nicht immer haben sich die Menschen so bedeckt gehalten, wenn es um ihre Darmfunktionen ging. Wenn man in der Geschichte zurückblickt, so erfährt man: Es war im Mittelalter in vielen Teilen Europas durchaus üblich, daß man ganz offen darüber sprach und sich nach dem Magen- und Darmbefinden des anderen erkundigte. Eine vielfach verwendete Begrüßung lautete: »Guten Tag. Wie geht es Ihrer Verdauung?« Und wer das fragte, der bekam auch ungeniert eine ehrliche und detaillierte Auskunft.
Die letzte Phase des Stoffwechsels wurde im frühen Mittelalter auch keineswegs in aller Abgeschiedenheit vollzogen. Es gab damals noch nicht das berühmte »Örtchen«, auf das man sich allein und ungestört zurückzog. In adeligen Ritterskreisen war es üblich, daß man diese Lebensnotwendigkeit in das gesellschaftliche Leben miteinbezog. Es gab damals ein wichtiges Statussymbol, heute noch in vielen Museen zu bewundern: den berühmten Topf, auf den man sich setzte, um das lebensnotwendige Ritual zu vollziehen. In vornehmen Kreisen gab es Töpfe aus Gold und Silber, über und über mit Diamanten besetzt.

Im Mittelalter war der Topf gesellschaftsfähig

Interessant, wie diese Töpfe benutzt wurden. Fand in einem großen Saal in einem Schloß ein Festmahl statt, standen die Töpfe in diesem Raum an den Wänden, jederzeit bereit für die Gäste. Und wenn jemand mußte, dann erhob er sich von seinem Tischplatz, begab sich zu einem Topf und verrichtete ungeniert vor den anderen seine »Nahrungsentsorgung«. Wenn einer diesem Ritual nicht folgte, sich mit einem Topf zurückzog, dann war das ein Beweis dafür, daß er nicht gesund war und daß er etwas zu verheimlichen hatte.

Zu diesen Zeiten waren die Begriffe »Rülpsen« und »Pforzen« durchaus gesellschaftsfähig und galten nicht als anstößig.

Wie sich die Zeiten ändern! Heute sind das alles Tabuthemen. Zugegeben: Es hat etwas für sich, daß man das Gesellschaftsleben davon befreit hat. Doch der negative Begleiteffekt: Man will nicht einmal darüber reden, auch wenn es durchaus notwendig wäre.

»Mein Kind ist brav. Es ist schon sauber!«

Es gibt einen einzigen Lebensabschnitt, in dem das Thema Verdauung auch heute noch eine entscheidende Rolle spielt: Im Leben von jungen Müttern. Da trifft eine die andere und verkündet stolz: »Mein Kind ist brav. Es ist schon sauber. Es geht von alleine aufs Töpfchen!«

Danach wird oft ein ganzes Leben lang nicht mehr über das Thema gesprochen. Auch wenn im Laufe der Jahre in der Verdauung vieles nicht funktioniert. Diese Ausgrenzung führt dazu, daß etliche Menschen mit Verdauungsproblemen nicht zum Arzt gehen, sich selbst aber auch nicht damit befassen und daher nichts dagegen unternehmen oder eine falsche Behandlung einleiten.

Das führt aber auch dazu, daß sich viele gar nicht kundig machen, welche neuen medizinischen und wissenschaftlichen Erkenntnisse es gibt, von denen man profitieren könnte.

22 Millionen haben Probleme mit der Verdauung

Und diese Erkenntnisse gibt es bei einer Reihe von verschiedenen Verdauungsstörungen, allen voran für die Verstopfung, in der Medizin auch Obstipation genannt. Darum soll in diesem Buch der Verstopfung ein besonders breiter Raum gewidmet werden. Immerhin: 22 Millionen Deutsche leiden darunter.

Ich habe eine Reihe von Studien zusammengetragen und lade Sie ein, sich damit zu befassen. Sie werden

dabei erfahren, daß man heute an viele Verdauungsprobleme mit anderen Therapien und Rezepten herangehen muß, als man das noch vor ein paar Jahren getan hat. Und ich werde Sie mit neuen Trainingsprogrammen vertraut machen, die Ihnen eine bessere Lebensqualität vermitteln können.
Viel Erfolg beim Verdauungs-Training wünscht Ihnen

Ihr
Prof. Hademar Bankhofer

1 Wir haben im Darm ein zweites Gehirn

Wer regelmäßig in seinen Körper hineinhorcht, die ersten Anzeichen von gesundheitlichen Störungen im Verdauungstrakt spürt und sich Gedanken über mögliche Ursachen macht, der hat es längst geahnt: Es muß zwischen unserem Denken und Fühlen und der Verdauung eine Verbindung geben. Jetzt ist es wissenschaftlich nachgewiesen. Und das gibt uns die Möglichkeit, über die Bewältigung von seelischen Belastungen Verdauungsprobleme zu lösen.

Diese Botschaft klingt vorerst einmal sehr ungewöhnlich. Mancher wird sich darunter nichts vorstellen können. Doch moderne medizinische Forschungen und neue Präzisionsgeräte der Medizintechnologie machen es möglich: Jeder Mensch besitzt ein Gehirn im Kopf und ein zweites Gehirn im Bauch. Diese Erkenntnis läßt die Verdauung und vor allem auch Verdauungsstörungen in einem ganz anderen Licht erscheinen. So gewinnen zum Beispiel seelische, gedankliche und nervliche Einflüsse auf das gesamte Geschehen in Magen und Darm eine größere Bedeutung.

Jeder Mensch besitzt ein Gehirn im Kopf und ein zweites Gehirn im Bauch

Vielleicht ist es Ihnen auch schon aufgefallen: Mancher Spruch aus alter Zeit beweist, daß unsere Vor-

Unsere Vorfahren haben es geahnt

fahren diesen Zusammenhang zwischen Hirn und Darm geahnt und gefühlt, wenn auch nicht gewußt haben. Einige dieser Aussprüche aus dem Volksmund möchte ich Ihnen am Beispiel von Alltagsepisoden in Erinnerung rufen.

»Ich fühle mich zum Kotzen!«

Judy Kehlmann, 32, Serviererin aus Ulm, hat immer davon geträumt, selbst ein Auto zu lenken. Vor ein paar Jahren hat sie schon einmal versucht, den Führerschein zu machen. Sie ist damals durchgefallen. Jetzt hat sie wieder Mut gefaßt. Sie hat monatelang gebüffelt. Und jetzt sitzt sie im Café gegenüber der Fahrschule und blättert mit zitternden Fingern hastig in den Unterlagen, aus denen sie gelernt hat. In einer Stunde ist sie dran.

»Sei doch nicht so nervös«, beruhigt sie ihre Freundin Martina. »Ich habe dich doch in den letzten Tagen geprüft. Du weißt alles. Es kann nichts schiefgehen!«

Panische Angst vor der Prüfung

Judy Kehlmann flüstert: »Ich habe panische Angst vor dieser Prüfung.«

Die Freundin lächelt: »Das ist doch nichts Besonderes. Den Führerschein machen Millionen Menschen.«

Sekunden später mustert sie ihr Gegenüber voll Besorgnis. Judy verdreht die Augen, wird zuerst ganz bleich, dann grün im Gesicht und lehnt sich zurück.

Martina fragt: »Was ist los mit dir?«

Judy antwortet gequält: »Ich fühl' mich zum Kotzen!«

Martina stöhnt: »Hör auf mit solchen Sprüchen. Das klingt so negativ. Und so unappetitlich. Mein Chef sagt das auch immer, wenn er nervös ist oder wenn er sich ärgert.«

Sie hat den Satz noch nicht einmal zu Ende gesprochen, da springt Judy auf, wankt auf die Toilette und verschwindet für 10 Minuten. Als sie zurückkommt, flüstert sie: »Ich hab' mich übergeben müssen. Jetzt ist mir etwas leichter.«
Fassungslos meint Martina: »Also, das habe ich noch nie erlebt, daß einer sagt, er fühlt sich zum Kotzen, und dann muß er es wirklich tun ...!«
Judy erklärt ihr: »Sei nicht albern: Darum ist doch dieser Ausspruch im Volksmund entstanden.«

Übelkeit kann auch seelische Ursachen haben

Judy Kehlmann hat recht. In der Psychotherapie ist es nachgewiesen: Übelkeit und Erbrechen kommen nicht immer nur von zu üppigem Essen, von verdorbenen Lebensmitteln, von Kopfschmerzen und Migräne, von der Reisekrankheit oder von einer Magenerkrankung. Die Ursache kann auch seelisch sein. Ärger, Aufregung, Angst, Abneigung und hochgradige Nervosität können dazu führen.
Der Vorgang ist ganz einfach: Die negativen seelischen Belastungen versetzen das vegetative Nervensystem in Hochspannung. Dadurch werden Reizimpulse an das Gehirn weitergegeben. Und von dort wieder wird ein unwillkürliches Zusammenziehen der Muskeln in die Magenwände, das Zwerchfell und den Bauch gesteuert. Die Folge: Der Mageninhalt wird kräftig nach oben gedrückt und durch den Mund abgegeben.
Judy Kehlmann geht mit zitternden Knien zur Prüfung. Sie schafft es und ist nach 3 Stunden glückliche Besitzerin des heißersehnten Führerscheins.
Ein paar Tage später sucht sie ihren Hausarzt auf. Sie will wissen: »Kann man vorbeugend etwas tun, damit man sich erst gar nicht zum Kotzen fühlt?«
Der Mediziner rät: »Wenn jemand sehr labil ist, oft mit Ängsten, Sorgen, Kränkungen, Intrigen und Nervosität

Autogenes Training in Krisensituationen

konfrontiert wird, sollte er in Krisensituationen Autogenes Training betreiben, auf Kaffee, Nikotin und Alkohol verzichten, keine üppigen und fetten Speisen essen und den Hunger besser mit einer Haferschleimsuppe stillen.«

Schließlich meint er noch: »Außerdem sollten Sie mehr Vertrauen zu sich haben. Ihre Prüfungsangst war doch völlig unbegründet!«

»Ich bin richtig sauer!«

Angelika Steurer, 44, Blumenverkäuferin in München, hat einen harten Arbeitstag hinter sich. Dennoch ist sie bestens gelaunt. Sie ist müde. Aber auf ihrem Gesicht liegt ein glückliches Strahlen, als sie sich von ihrer Chefin für 3 Wochen verabschiedet: »Seit 20 Jahren habe ich von einem Urlaub in Amerika geträumt. Jetzt wird es endlich wahr!«

Angelika Steurer eilt auf die Straße. Dort wartet ihr Freund Kurt Halden, 55, im Auto. Sie steigt ein, umarmt ihn und jubelt: »Ich bin so glücklich. Und ich freue mich schon so darauf, wenn wir morgen nach Florida fliegen!«

Kaum hat sie es gesagt, schaut sie ihren Kurt prüfend an: »Warum machst du so ein ernstes Gesicht? Ist etwas nicht in Ordnung? Was ist geschehen?«

Kurt Halden räuspert sich verlegen: »Aus dem Urlaub wird nichts. Ich muß den Chef vertreten!«

Angelika Steurer hat Tränen in den Augen und schnaubt vor Wut: »Wir kennen uns jetzt 11 Jahre. Jedes Jahr versprichst du mir einen Traumurlaub. Und nie wird etwas daraus. Ich sitze immer einsam zu Hause. Dann fliege ich eben allein!«

Kurt schüttelt den Kopf: »Geht nicht. Ich habe die Flüge schon storniert. Aber, Schatz, im nächsten Jahr …!«
Angelika kann das nicht mehr hören. Sie knurrt immer nur vor sich hin: »Ich bin so sauer, stinkesauer!«
Das sagt sie auch die nächsten Tage immer wieder. Und sie beachtet zuerst gar nicht, daß sich auch ihr Gesundheitszustand verändert. Es taucht eine Reihe von Problemen auf. Sie verfällt in depressive Stimmungen, leidet an Gelenkbeschwerden, hat nachts Muskelkrämpfe in den Beinen, klagt über brüchige, weiche Fingernägel, über glanzloses Haar und über entzündetes Zahnfleisch.

Zuviel Säuren stören die Gesundheit

Angelika Steurer geht zum Arzt. Er untersucht sie, läßt sie einen Speicheltest machen und erklärt ihr dann: »Sie sind schwer übersäuert!«
Angelika meint erstaunt: »Ich fasse es nicht: Ich sage seit Tagen, daß ich sauer bin, also schlecht gelaunt und enttäuscht. Und jetzt bin ich wirklich sauer?«
Sie erzählt dem Arzt ihren ganzen Ärger mit dem abgesagten Urlaub. Daraufhin erfährt sie: In einem gesunden Körper muß ein ausgeglichenes Säure-Basen-Gleichgewicht herrschen, nämlich: 80 Prozent Basen und 20 Prozent Säuren. Dieser Idealzustand herrscht heutzutage bei nur ganz wenigen Menschen. Unsere alltägliche Ernährung mit zuviel Fleisch und zuviel Zucker, aber auch Streß und Ärger sorgen dafür, daß das Bindegewebe in unserem Organismus übersäuert wird. Überwiegen die Säuren, dann ist die Immunkraft geschwächt. Es kommt zu Entzündungen und vielen anderen Erkrankungen, auch zu Depressionen und Aggressionen.

Das richtige Verhältnis: 80 Prozent Basen, 20 Prozent Säuren

Angelika Steurer will wissen: »Was kann ich gegen die Übersäuerung tun?«

Sie bekommt genaue ärztliche Anleitungen. Sie muß in nächster Zeit basische Lebensmittel konsumieren: Pellkartoffeln, rohes und gedünstetes Gemüse, frisches Obst, Milch, milde Kräutertees. Und sie muß säurebildende Nahrung meiden: Zucker, Fleisch, Eier, Alkohol, Kaffee, Erdnüsse, Hülsenfrüchte, Weißmehlprodukte.

Basische Mikronährstoffe – eine sinnvolle Hilfe

Und sie trinkt 3 Wochen lang jeden Tag 1 Glas Wasser mit einem Pulver aus basischen Mikronährstoffen aus der Apotheke. Man nennt das in der Medizin eine Baso-Vital-Therapie. Die gesamte Umstellung tut ihr gut. Und damit sie nicht wieder »sauer« wird, bucht sie noch schnell für sich allein einen einwöchigen Urlaub. Und erholt sich prächtig.

»Ich mach' mich an vor Angst!«

Gerlinde Altlehner, 36, ist medizinisch-technische Assistentin in Frankfurt am Main. Sie ist mit ihrer Kollegin Thea Rüdiger, 34, zu einem Ärztekongreß nach Leipzig eingeladen worden. Nach 3 Tagen mit interessanten Vorträgen sind alle Symposiumteilnehmer zu einem festlichen Abendessen in einem Restaurant eingeladen.

Gegen Mitternacht fährt der Bus vor, um alle abzuholen und ins Hotel am Stadtrand zu bringen. Gerlinde Altlehner und Thea Rüdiger aber fahren nicht mit. Sie wollen noch ein wenig durch die Innenstadt bummeln.

Es ist kurz nach 1 Uhr morgens, als sie zu Fuß zum Hotel gehen wollen, weil sie kein Taxi bekommen.

Gerlinde erklärt ihrer Kollegin: »Wir müssen da vorne durch die Bahnunterführung. Dann ist es nicht mehr weit!« Thea haßt einsame Bahnunterführungen. Aber sie gehen dennoch beide los.

Kaum befinden sie sich in der Mitte der Betonröhre, da hören sie Schritte hinter sich. 2 breitschultrige Burschen holen sie ein. Die Frauen gehen schneller. Da stehen plötzlich auch vor ihnen 2 junge Männer. Einer hat ein Messer in der Hand und fordert: »Wir brauchen Geld!«

Thea Rüdiger antwortet: »Wir haben kein Geld dabei!«

Da meint einer der Burschen: »Rede keinen Scheiß, Lady. Das nehmen wir euch nicht ab. Also: Geld her, oder es passiert etwas Schlimmes!«

Die Männer drängen die beiden Frauen gegen die Wand. Gerlinde Altlehner schaut zu ihrer Freundin und fragt leise: »Was jetzt? Was sollen wir tun?«

Ein alter Spruch wird Wirklichkeit

Thea ist kreidebleich und antwortet: »Ich weiß es nicht. Ich mach' mich an vor Angst!«

Gerlinde bewahrt die Nerven. Sie öffnet ihre Handtasche und nimmt aus der Geldbörse 4 Hundertmarkscheine und hält sie dem Mann mit dem Messer entgegen. Und da geschieht etwas Unerwartetes. Er nimmt das Geld hastig und sagt: »Danke. Vielen Dank!« Sekunden später verschwinden die 4 im Dunkel der Nacht.

Gerlinde und Thea stehen einige Zeit wie gelähmt da. Sie haben Glück gehabt. Der Überfall hätte ganz anders ausgehen können. Gerlinde fragt Thea: »Wie geht es dir?«

Thea lächelt gequält: »Ich bin froh, daß alles vorbei ist. Außerdem ist tatsächlich passiert, was ich gesagt habe. Ich habe plötzlich entsetzlichen Durchfall bekommen.«

Wieder zurück in Frankfurt am Main sucht Thea Rüdiger ihren Hausarzt auf. Sie will wissen, ob sie einen schwachen Darm hat.

Nachdem Dr. Förg von dem Überfall in Leipzig erfah-

Angst kann Durchfall auslösen

ren hat, meint er: »Das ist alles ganz normal. Das kann tatsächlich geschehen, wenn man Angst hat. Warum – denken Sie – sagt man das so im Volksmund? Weil es immer wieder tatsächlich passiert.«
Man kennt in der Medizin viele Ursachen für den Durchfall. Dazu gehören: Darmgrippe, Darmentzündung, Cholera, Ruhr, Typhus, Lebensmittelvergiftung, Allergien, übermäßiges Essen und Trinken, der Genuß von unreifem Obst, aber auch Streß, Angst und andere seelische Belastungen.
Der Darm reagiert auf psychische Reize mit der Sehnsucht nach Ruhe und Geborgenheit. Da beides nicht vorhanden ist, gerät das vegetative Nervensystem aus dem Gleichgewicht. Und da es auch die Hauptsteuerzentrale für unsere Verdauungsorgane ist, wird der Darm unter Wasser gesetzt.
So etwas läßt sich mitunter verhindern, wenn der Betreffende seine Ängste rasch in den Griff bekommt und gesund lebt: ohne Alkohol, Nikotin und Koffein. Meist aber kann man nichts dagegen tun.

»Da kommt mir die Galle hoch!«

Adalbert Hollmann, 68 Jahre, kaufmännischer Direktor in Pension, hat in seiner Villa in Frankfurt am Main seine vier Geschwister zu einem Festessen eingeladen. Der Anlaß: Seine Schwester Marthe wird 70 Jahre alt. Eine Köchin hat ein Menü zusammengestellt, das alle an Mutters Zeiten erinnern soll: Markknödelsuppe mit Speckstücken, Schweinebraten mit Klößen, Sahnetorte mit Kaffee.
Es schmeckt allen vorzüglich. Bruder Armin delektiert sich, meint allerdings: »Das sind vielleicht Kalorien-

bomben. Wenn wir das täglich essen würden, wäre das nicht gut für unsere Gesundheit!«
Adalbert Hollmann winkt ab: »Ach, was soll's. Ich esse das zum Andenken an unsere Mahlzeiten bei Mutter jede Woche einmal!«
Nach dem Kaffee sitzen alle im Kaminzimmer beisammen und erzählen aus ihrem Leben der letzten Jahre. Die Geschwister haben einander lange nicht gesehen. Adalbert Hollmann zündet sich genüßlich eine Zigarre an und wendet sich an seine Schwester Marthe: »Hat dir dein geschiedener Mann zum Geburtstag gratuliert? Immerhin habt ihr 40 Jahre miteinander verbracht!«
Marthe nickt: »Er hat mich angerufen, hat Blumen geschickt.«
Adalbert zwinkert ihr zu: »Ich seh' schon, ihr kommt wieder zusammen. Ich hab' nie verstanden, warum der alte Dickkopf mit 74 Jahren seine liebe Frau verläßt!«

Eine Trennung für immer

Marthe wird ganz ernst: »Ich weiß auch nicht, was da in ihn gefahren ist. Anfangs habe ich auch gedacht, es wird alles wieder gut. Aber seit 3 Monaten weiß ich: Es ist eine Trennung für immer. Hermann hat eine andere. Eine 32jährige Blondine. Er wird sie heiraten.«
Adalbert Hollmann fährt aus dem Stuhl hoch: »Waaas? Der alte Esel! Ist er verrückt geworden?«
Marthe nickt: »Es kommt noch ärger. Er hat ihr bereits die ganze Villa und das Wochenendhaus am See notariell geschenkt.«
Das ist für Adalbert zuviel. Er schreit: »Da kommt mir doch gleich die Galle hoch!«

Ärger löst Schmerzen im Oberbauch aus

Die Geschwister hören den markigen Ausspruch, denken nichts weiter dabei. Doch Minuten später greift sich Adalbert an den rechten Oberbauch und stöhnt. Er hat ein schmerzverzerrtes Gesicht.
Einer der Brüder meint: »Was ist los mit dir?«

Trotz seiner Situation schmunzelt Adalbert und antwortet gequält: »Ich habe doch gesagt: Die Galle ist mir hochgekommen. Früher habe ich das auch bloß für ein Sprichwort gehalten. Heute weiß ich: Das passiert wirklich. Mein Arzt hat mir das erklärt.«
Die Geschwister wollen nun genau wissen, was hinter dem Sprichwort steckt. Zuerst aber unternimmt Adalbert etwas gegen seine Schmerzen. Er legt sich ein in heißes Wasser getränktes Leinentuch auf den rechten Rippenbogen über den Oberbauch und bindet ein trockenes Tuch darüber. Und dann nimmt er 2 Eßlöffel Artischockensaft aus seiner Hausapotheke mit etwas Wasser.

Bei Streß wird mehr Gallensaft produziert

Als er sich besser fühlt, erklärt er: »Ich habe mich vorhin furchtbar über deinen geschiedenen Mann geärgert. Wenn man nun sehr üppig gegessen hat, so wie wir, dann zieht sich die Gallenblase zusammen und schickt ihren Verdauungssaft in den Darm. Bei Ärger, Streß und seelischem Druck wird noch mehr Gallensaft produziert. Die Galle geht über. Der Gallensaft steigt hoch und erzeugt Druck und eine Dehnung im Gallengang. Und wenn man – wie ich – ein paar Gallensteine hat, dann entsteht dabei eine schmerzhafte Kolik. Das beweist: Die Gallenblase ist stark von der Seele beeinflußt. Ich sollte daher nicht so üppig essen und mich danach nicht ärgern!«

Eine »Datenautobahn« vom Hirn zum Darm

Der New Yorker Anatom und Zellbiologe Prof. Dr. Michael Gershon betont: »Menschen, die massive Magen- und Darmerkrankungen haben, leiden fast immer auch an seelischen Problemen. Umgekehrt beeinflußt ein krankhaftes seelisches Befinden Magen und Darm ganz enorm. Es gibt keinen Zweifel: Stimmung und Verdauung hängen eng miteinander zusammen.«

Den jüngsten Beweis dazu haben Mediziner an der Universität von Cambridge im Frühjahr 1997 erbracht. Die britischen Wissenschaftler suchten für ihre Studie 21 gesunde Menschen im Alter von 25 bis 30 Jahren. Als Gegenstück wählten sie in derselben Altersgruppe 21 Patienten, die sich aufgrund von Angststörungen in ärztlicher Behandlung befanden. Dazu kamen weitere 21 Patienten, die unter Depressionen litten und medizinisch betreut wurden. Und nun wurden alle Beteiligten 3 Monate lang beobachtet und mit modernsten Untersuchungsmethoden kontrolliert. Es wurde in erster Linie geprüft, wie schnell Magen und Darm die aufgenommene Nahrung verarbeiteten.

Depressionen beeinflussen die Verdauung

Das Ergebnis war vollkommen unterschiedlich und hochinteressant:

- Bei den gesunden Probanden dauerte der Verdauungsprozeß im Durchschnitt 42 Stunden.
- Bei den Patienten mit Angstzuständen verlief die Verdauung hingegen in einem rasanten Tempo. Es wurden nur 14 Stunden dafür benötigt.
- Ganz konträr die Messungen bei den depressiven Patienten. Bei ihnen schleppte sich die Verdauung hin. Sie dauerte nämlich 49 Stunden. Dabei war ganz deutlich zu beobachten: Je schwerer die diagnostizierte Depression eines Probanden, desto träger arbeiteten Magen und Darm.

Diese Untersuchung ist ein deutlicher Beweis für das intensive Zusammenspiel zwischen Hirn und Bauch.

Von diesem Zusammenspiel weiß man in der Wissenschaft schon lange. Die ersten, die sich damit beschäf-

tigten, waren deutsche Forscher. Doch die Medizin hat sich mit diesen Erkenntnissen nicht entscheidend befaßt. Nun aber hat der amerikanische Wissenschaftler Prof. Dr. Michael Gershon von der Universität New York mit seinem Team spektakulär darauf hingewiesen. Und er hat damit darauf aufmerksam gemacht, daß künftig Magen- und Darmprobleme von einer ganz neuen Warte aus betrachtet werden müssen.
Prof. Dr. Gershon führt uns seine Erkenntnisse anschaulich vor Augen:

Die gleichen Nerven im Hirn und im Bauch

- Die Nervensysteme, die das Hirn, und jene, die das Geschehen im Bauch steuern, sind nicht – wie man annehmen könnte – grundverschieden. Nein. Sie sind einander erstaunlich ähnlich.
- Beide Nervensysteme benutzen für ihren Informationsaustausch exakt dieselben Botenstoffe des Organismus, auch Neurotransmitter genannt. Nämlich die Substanzen Serotonin, Glutamat und Dopamin.
- Beide Nervensysteme produzieren körpereigene Opiate und Benzodiazepine, die eine dämpfende Wirkung haben. Es sind dieselben Stoffe, die – chemisch hergestellt – in der Psychotherapie als Tranquilizer eingesetzt werden.
- Sowohl das Nervensystem im Hirn als auch jenes im Bauch wird von denselben Körperzellen mit Nährstoffen versorgt.

Eine Blut-Hirn-Schranke gegen fremde Substanzen

- Beide Nervensysteme haben eine sogenannte Blut-Hirn-Schranke. Es handelt sich dabei um einen biochemischen Mechanismus, der die Nervenzellen gegen gefährliche, fremde Substanzen abschirmt.

Diese faszinierende Ähnlichkeit des Nervensystems im Hirn und im Bauch läßt sich mit der Entwicklungsgeschichte des Menschen erklären. Der deutsche

Humanbiologe und Experte für Fragen der Gastroenterologie und Verdauungstherapie aus Biberach, Horst Mielenz, hat sich intensiv mit den entwicklungsgeschichtlichen Beziehungen zwischen Nervensystem und Verdauungssystem befaßt, und zwar im Hinblick auf Körperfunktion und Hormoneinfluß.

Man muß im menschlichen Organismus zwischen dem zentralen Nervensystem (ZNS), dem vegetativen oder autonomen Nervensystem (ANS) und dem Eingeweide-Nervensystem (ENS) unterscheiden. Alle Systeme können die Verdauung in erheblichem Maße beeinflussen. Dabei wird das Nervensystem der Eingeweide, was die Steuerung der Darmfunktion betrifft, oft viel zu wenig beachtet. Seit man das weiß, müssen viele Verdauungsprobleme von einer völlig neuen Warte aus gesehen werden.

Wenn man nun die Entstehungsgeschichte des Menschen – die Keimentwicklung – zurückverfolgt, so ergibt sich dabei sehr deutlich, daß die Zusammenhänge zwischen Hirn und Darm ganz logisch sind. Sowohl die Nervensysteme im Hirn als auch jene im Darm stammen von derselben Keimstruktur. Das erklärt auch, warum Zellen im Darm eiweißartige Hormone produzieren – sogenannte gastrointestinale Hormone –, wie wir sie auch im Hirn finden.

Auch Botenstoffe beeinflussen den Darm

Sowohl die Botenstoffe in den Nervenzellen des Gehirns als auch jene in den Nervenzellen des Darms können fast alle Prozesse der Verdauung beeinflussen. Man findet diese Botenstoffe sowohl in den Zellen des Magen-Darm-Traktes als auch in den Neuronen des Nervensystems im Kopf. Daraus ergibt sich, daß die Darmfunktionen des Menschen nicht nur über die Nervenstrukturen an sich, sondern auch über die Botenstoffe gesteuert werden können, die sowohl im Gehirn als auch im Darm produziert werden. Im Gehirn nennt man sie Neurotransmitter, im Darm gastrointestinale Hormone. In Wahrheit aber sind es die gleichen Botenstoffe. Ihre verschiedenen Bezeichnungen sind ausschließlich auf die verschiedenen Wirkungsorte im Körper zurückzuführen.

Horst Mielenz kommt zu dem Schluß: »Damit wird klar: Jede Veränderung der seelischen Befindlichkeit kann demnach auf verschiedenen Wegen auf den Darm übertragen werden. Und dieser reagiert dann ebenso sensibel wie hartnäckig mit Funktionsstörungen wie Durchfall oder Verstopfung.«

Der Amerikaner Prof. Dr. Michael Gershon hat dafür wieder anschauliche Bilder gefunden, die man sich merkt:

- Die Kommunikation zwischen dem Gehirn im Kopf und dem Gehirn im Bauch verläuft über den sogenannten Vagusnerv. Dieser Nerv nimmt seinen Weg vom Kopf bis ins Steuerzentrum des Magens und bildet dort viele Äste.

Der Vagusnerv als »Datenautobahn«

- Prof. Dr. Gershon nennt es die »Datenautobahn« zwischen Hirn und Darm: eine Nerven-Zweibahn-Straße mit einem regen Informationsverkehr in beide Richtungen.

Dazu 2 Beispiele:

Wenn im Gehirn Angstgefühle entstehen, wird der Vagusnerv angeregt. Das führt dazu, daß über die Nachrichtenvermittlung zum Darm im Magen verstärkt Serotonin ausgeschüttet wird. Dieser Botenstoff wieder regt die Verdauungsbewegungen des Darms an. Die Folge ist dann die vorhin erwähnte beschleunigte Darmpassage bei Patienten mit Ängsten.

Die Datenautobahn zwischen Hirn und Darm hat aber auch noch andere Folgen, zum Beispiel bei der ärztlichen Therapie. 25 Prozent aller Patienten, die unter Depressionen leiden und dagegen auf Verordnung ein Medikament mit dem Wirkstoff Fluoxetin einnehmen müssen, klagen über Verdauungsprobleme wie Übelkeit, Verstopfung oder Durchfall. In kleinen Mengen wirkt Fluoxetin verdauungsfördernd, in größeren Dosen verstopfend. Es wirkt direkt auf einen Botenstoff, der sich im »Bauch-Hirn« befindet.

Patienten mit Depressionen klagen oft über Verdauungsprobleme

Streß führt zur Verdauungskrise

Durch das Wissen um die enge Verbindung vom Gehirn zum Darm wird auch klar, warum Streßsituationen in unserem Leben sich so stark auf unsere Verdauung auswirken. Wer im Beruf oder im Privatleben unter negativem Streß leidet und diese Überbelastung lange Zeit ertragen muß, erlebt die Folgen sehr oft als Störungen des Magen-Darm-Traktes. Streß kann zu Magenbeschwerden, zu Magendrücken, Übelkeit, Völlegefühl, Blähungen, Durchfall oder Verstopfung führen. Wobei auch da wieder die Verstopfung am häufigsten auftritt.

Streß übt in dreierlei Hinsicht einen Einfluß auf die Verdauung aus:

Streß wirkt dreifach auf die Verdauung

- Streß ist fast immer mit Nervosität, Ärger, depressiven Zuständen, Ängsten und Zweifel verbunden. Das alles sind Impulse, die im Gehirn entstehen. Da sie aber automatisch auch an unser zweites Gehirn im Darm weitergemeldet werden, wirkt sich das auf die Verdauung aus.
- Diese Gefahr wird durch eine direkte Störung noch verstärkt. Wer Streß hat, nimmt sich keine Zeit für regelmäßige Mahlzeiten. Er hat dafür auch keine

Muße. Die Nahrung wird hastig aufgenommen, damit aber auch schlecht verdaut. Man ißt unüberlegt die falschen Sachen, die schnell Kraft geben: Süßes, Salziges, Fettes. Das alles schadet im Laufe der Zeit der Gesundheit und hat einen negativen Einfluß auf die Verdauung.

Zu wenig Zeit für die Toilette

- Schließlich leiden viele Berufstätige, die ständig von Streß, Hektik und Zeitmangel umgeben sind, darunter, daß sie keine Gelegenheit haben, in Ruhe die Toilette zu besuchen. Das ist ein bekanntes und vielgelittenes Problem. Die permanente Unterdrückung des Stuhlganges aber kann dramatische Folgen haben. Der Darm lernt rasch dazu, gewöhnt sich schnell an gewisse Lebensbedingungen. Wenn der Stuhl nicht regelmäßig entleert wird, bremst er den Transport und leitet damit eine Darmträgheit oder Verstopfung ein.

Wenn Streß und seelische Belastungen über unser Gehirn und in der Folge über die Nervenzentrale im Darm zu Störungen der Verdauung führen, dann spricht man in der Medizin von einer Verdauungskrise oder von einer Darmdepression. Das bedeutet:

Krisenmanagement für den Darm

Wir müssen vorerst allein, später – wenn sich kein Erfolg einstellt – mit dem Arzt ein Krisenmanagement für den Darm aufbauen. Das kann man nur mit einem gut durchdachten körperlichen und geistigen Training.

Und so kann man aus den Erfahrungen englischer und amerikanischer Wissenschaftler heraus sagen: Das Verhindern von Streßsituationen oder die Bewältigung von Streßbelastungen sind ganz wesentliche Beiträge zur Behandlung von Verdauungsstörungen. Streßabbau ist somit eine wichtige Form des Verdauungs-Trainings. Das sollten wir nie vergessen.

Streßabbau als Verdauungs-Training

Das sind nun die wichtigsten Maßnahmen beim Verdauungs-Training gegen den schädlichen Streßeinfluß. Jahrelange Beobachtungen und Tests an der Tufts-Universität in Boston, USA, haben ergeben, daß man damit die besten Voraussetzungen für eine gesunde Verdauung schaffen kann:

- Bauen Sie Ihr Übergewicht ab. Allerdings nicht mit einer extremen Diät, sondern mit einem Umstieg in die gesunde Ernährung: mehr Obst, mehr Gemüse, mehr Fisch, weniger tierische Fette, weniger Zucker, mehr Vollkornprodukte.
- Stellen Sie endlich das Rauchen ein, weil Sie damit einen großen Risikofaktor für viele Leiden aus der Welt schaffen. Lösen Sie sich von der verhängnisvollen Vorstellung, daß ausschließlich die Zigarette auf nüchternen Magen ihren regelmäßigen Stuhlgang garantiert.

Zigarette und Stuhlgang: eine verhängnisvolle Kombination

- Gehen Sie sparsam mit dem Alkohol um.
- Achten Sie darauf, daß Sie regelmäßig körperliche Bewegung haben. Bei jedem Wetter. Mindestens zwei- bis dreimal die Woche 1 Stunde. Unter der Woche sollten Sie weniger Auto fahren, mehr zu Fuß gehen, mehr Treppen steigen statt Lift fahren.
- Trinken Sie jeden Tag 2 Liter stilles Mineralwasser oder ungesüßten Kräutertee. Der Organismus braucht für eine gesunde Verdauung das ganze Jahr über reichliche und regelmäßige Flüssigkeitszufuhr. Nicht nur in der heißen Jahreszeit.
- Achten Sie darauf, daß Sie jede Nacht mindestens 8 Stunden schlafen können. Nur dann können sich Ihre Nervenzentren regenerieren und schaffen

harmonische Voraussetzungen für eine gesunde Verdauung.

Geistige Fitneß – gut für Magen und Darm

- Machen Sie Gehirn-Jogging. Schreiben Sie sich nicht alles auf. Lösen Sie die einfachsten Rechnungen nicht immer nur mit dem elektronischen Taschenrechner. Geistige Fitneß hat ebenfalls einen positive Einfluß auf Magen und Darm.
- Ziehen Sie sich einmal am Tag für ein paar Minuten allein zurück, schließen Sie die Augen und entspannen Sie sich. Speziell der Verdauungstrakt braucht diese Ruhephasen ganz dringend, ebenso wie das vegetative Nervensystem.
- Treffen Sie sich möglichst oft mit netten, fröhlichen Menschen.
- Hören Sie in Ihrer Freizeit ungestört und allein Ihre Lieblingsmusik. Singen Sie mit, wenn Ihnen danach ist. Das schafft einen raschen Streßabbau.
- Beginnen Sie den Tag mit den ersten Anti-Streß-Übungen im Bett. Wenn Sie erwacht sind und bevor Sie aufstehen, sollten Sie sich im Bett einige Minuten so richtig strecken und recken. Das gibt Ihnen viel Kraft für den Tag.
- Wenn Sie zu zweit sind, dann sollten Sie nach dem Erwachen noch gemeinsam etwas »kuscheln«. Der amerikanische Arzt und Wissenschaftler Prof. Dr. Edward Lawrey in Los Angeles hat im Rahmen einer 5-Jahres-Studie nachgewiesen: Kuscheln am Morgen ist ebenso gesund wie Morgengymnastik. Kuscheln baut Streß ab, bringt den Kreislauf in Schwung, wirkt sich positiv auf Blutdruck und Cholesterinwerte aus und fördert die Verdauung.

Kuscheln fördert die Verdauung

- Trinken Sie an besonders streßreichen Tagen 1 Tasse Gewürztee aus einer Mischung von Anis, Fenchel und Kümmel zu gleichen Teilen. 1 Teelöffel davon wird mit kochendem Wasser übergossen, 10 Minuten ziehen lassen, durchseihen, mit Honig gesüßt trinken.

- Genießen Sie Nahrungsmittel, die durch ihre Inhaltsstoffe Streß abbauen helfen. Dazu gehören Bananen und Vollkornhaferflocken. Ideal: ein Haferflockenmüsli mit einer Banane, in Scheiben geschnitten.
- Bauen Sie in Ihr Anti-Streß-Training unbedingt auch die Aromatherapie ein: Stellen Sie in den Räumen, in denen Sie sich aufhalten, eine Schale mit Wasser oder mit einem nassen Wattebausch auf. Geben Sie 30 Tropfen Lavendelöl aus der Apotheke oder Drogerie darauf. Sie atmen dann ständig die aufsteigenden ätherischen Öle des Lavendelblütenextraktes ein. Und das beruhigt und schafft Harmonie im Magen- und Darmbereich. Speziell bei Verstopfung kann der Geruch von Rosmarinöl helfen. Manche Menschen können auch Verdauungsvorgänge fördern, wenn Sie den Geruch einer reifen Birne, eines Apfels oder einer geschälten goldgelben Banane in der Nase haben.
- Ernähren Sie sich mit Lebensmitteln, die reich an Magnesium sind. Das ist gut für Herz und Kreislauf und beugt auch einer Verstopfung vor. Zu diesen Lebensmitteln gehören Vollkornprodukte, Naturreis, Sojaprodukte, Nüsse.

Magnesium beugt der Verstopfung vor

- Essen Sie anstelle von 3 großen 5 kleine Mahlzeiten. Das erleichtert die Arbeit im Verdauungstrakt.
- Gehen Sie zumindest am Wochenende hinaus in die Natur. Bei jedem Wetter. Machen Sie in sauerstoffreicher Luft intensive Atemübungen.
- Tricksen Sie den Streß aus, wenn Sie ihm nicht aus dem Weg gehen können. Denken Sie wieder an

Ihre Kindheit, als die Mutter sich bemühte, Sie jeden Tag zur gleichen Zeit zu einer erfolgreichen Sitzung aufs Töpfchen zu bringen. Starten Sie ein sogenanntes Toilettentraining. Gehen Sie dann aufs Örtchen, wenn Sie die Zeit dazu haben und nicht gestört werden können. Die beste Zeit am Tag: Der Morgen vor oder nach dem Frühstück zu Hause. Dann sparen Sie sich tagsüber das gesundheitsschädliche Zurückhalten. Und Sie müssen auch dann nicht inmitten der Tageshektik den täglichen Gang zur Toilette zu einem Problem machen. Sie müssen allerdings Geduld haben. Es klappt oft nicht auf Anhieb, sich an den täglichen Stuhlgang nach der Uhr zu gewöhnen. Aber, wenn der Darm es gelernt hat, dann ist es ein Beitrag zur Lebensqualität und Gesundheit.

Die beste Zeit am Tag fürs Örtchen: der Morgen vor oder nach dem Frühstück zu Hause

Die Macht der Gewohnheit hilft der Verdauung

Unser Alltag besteht vielfach aus regelmäßig wiederkehrenden Ritualen. Keiner von uns ist davon ausgenommen. Wir machen zu bestimmten Tageszeiten oder in gewissen Wochen- und Monatsabläufen immer wieder dasselbe. Und ganz ehrlich: Wir wollen davon auch gar nicht loskommen, auch wenn wir selbst und andere darüber lächeln. Wir nennen es die »Macht der Gewohnheit«. Jetzt haben Wissenschaftler der amerikanischen Berkeley-Universität in Kalifornien nachgewiesen: In dieser Macht der Gewohnheit stecken heilende Kräfte.

Alltagsrituale haben heilende Kräfte

Bereits der Tagesbeginn ist bei vielen Menschen mit stereotypen Gewohnheiten angereichert: Man erhebt sich aus dem Bett, macht ein paar Gymnastikübungen, geht ans Fenster und zieht die Vorhänge zur Seite. Dann geht man jahraus, jahrein denselben Weg durch die Wohnung ins Badezimmer. Jede Handbewegung, die man hier macht, ist – wie von einem Computer programmiert – jeden Morgen gleich. Dazu gehören auch das Kaffeekochen, das Zubereiten des Frühstücks. Millionen Menschen essen jeden Morgen exakt das Gleiche.

Ganz sicher sitzen auch Sie jeden Tag zu Hause am selben Platz. Und Sie fühlen sich in einem Restaurant oder in der Kantine besonders wohl, wenn Sie da auch die Möglichkeit eines »Stammplatzes« haben.

Liebe Gewohnheiten als Lebenshilfe

Aber auch tagsüber – zu Hause oder am Arbeitsplatz – gibt es Stationen regelmäßiger Gewohnheiten: Wir gehen – wie in Trance – den Weg zum Einkaufen. Wir trinken immer wieder zur gleichen Zeit Kaffee oder Tee. Wir machen immer wieder im nahen Park auf derselben Bank Rast. Viele, die mittags auswärts essen, besuchen mitunter viele Jahre jeden Tag dasselbe Lokal und wehren sich gegen den Gedanken, immer wieder anderswo hinzugehen. Mancher wird jetzt fragen: Ist das Phantasielosigkeit, Bequemlichkeit? Sind Menschen, die so leben, spießig oder sonderlich?

Davon kann keine Rede sein. Am Institut für psychosoziale Verhaltensforschung an der School of Public Health der Berkeley-Universität hat man beobachtet: Die täglichen Rituale sind eine wertvolle Lebenshilfe. Sie sind ein raffinierter Trick des Menschen, besser mit Streß und Ängsten fertigzuwerden. Und sie sind eine ganz hervorragende Arznei gegen Verdauungsstörungen.

Man könnte bei den immer wiederkehrenden Ritualen von einem Sicherheitsnetz sprechen. Man muß sich vorstellen: Jeder von uns ist in der modernen Zeit von vielen unberechenbaren Ereignissen bedroht. Es kommen täglich viele Anforderungen auf uns zu, denen wir uns stellen müssen. Dazu brauchen wir körperliche und geistige Kraft.

Jeder braucht eine »Insel« zum Krafttanken

Wenn wir nun über den Tag verteilt »Inseln« haben, auf denen wir uns sicher und wohl fühlen, so tanken wir Kraft. Das hat 2 Vorteile: Wir können unser Gehirn entlasten, weil wir automatisch Dinge tun, die wir auch im Schlaf erledigen könnten. Und wir wissen genau, was uns bei diesen Gewohnheiten erwartet, nämlich immer wieder dieselbe liebgewordene Situation.

Wer die Macht der Gewohnheit richtig nutzt, der kann dadurch besser seine Aufgaben überblicken, baut zwischendurch immer wieder Sicherheit in sich auf. Und er kann dann gefährliche und belastende Phasen des Tages besser durchstehen.

Regelmäßige Gewohnheiten sind demnach wichtig für unsere seelische und körperliche Gesundheit. Im Grunde genommen müßte jeder von uns erst essen, wenn er Hunger hat. Dennoch sind wir gewohnt, daß sich die ganze Familie mittags oder abends zu einer bestimmten Zeit am Tisch versammelt und miteinander tafelt.

Das ist mehr als eine gemeinsame Nahrungsaufnahme. Das Essen wird zur Psychotherapie für alle. Man kann in dieser gelockerten, genußvollen Atmosphäre so viele heikle Probleme besprechen und auch lösen. Das harmonische Beisammensein verbindet und schafft eine optimale Stimmung.

Ebenso können viele Probleme, Sorgen und Ängste wunderbar bei gewohnten, privaten Gesprächsterminen gemeistert werden. Das ist die wöchentliche Stammtischrunde des Mannes, der Kaffeeklatsch der Frau, der Kegelabend oder der kleine Umtrunk nach der Tennisstunde. Das alles findet ja immer am selben Tag, zur selben Zeit statt.

Nach einem anstrengenden Tag können Gewohnheiten ganz besonders helfen, daß man sich entspannt und neue Kräfte tankt. Man soll sich da ruhig einigen »Höhlen-Ritualen« hingeben: nach Hause kommen, Schuhe ausziehen, die Kleidung wechseln, womöglich in die heißgeliebte abgetragene, speckige Jeanshose und in den uralten, vertrauten Pullover schlüpfen.

Jeder von uns hat seine »Höhlen-Rituale«

Es ist ganz wichtig, daß man in der Wohnung eine Ecke, einen Kuschelplatz hat, wo man abschalten, vor sich hinträumen, die Arbeit des Tages vergessen kann. Dazu können das vertraute Kissen und der Tisch beitragen, auf dem man die Beine hochbettet. Auch der Griff zur Zeitung und der Fernbedienung des Fernsehapparates ist nach Ansicht von Psychologen ein Anti-Streß-Verhalten zur schnellen Regeneration.

Das bedeutet: Damit können Alltagsbeschwerden, Störungen des vegetativen Nervensystems und Streßkrankheiten verhindert werden. Damit kann man Gastritis, Blähungen und Verstopfung hervorragend vorbeugen. Speziell, was die Verdauung betrifft, liegt in der Macht der Gewohnheit ein weiterer großer Vorteil: Viele Menschen haben nur Ruhe und Erfolg auf der Toilette, wenn sie sich in einem vertrauten Raum – am besten im eigenen WC zu Hause – befinden.

Es klappt nur auf der Toilette zu Hause

Umgekehrt hat man die Beobachtung gemacht, daß Menschen, die längere Zeit daran gehindert wurden, ihre alltäglichen Gewohnheiten auszuleben, jede Menge Magen- und Darmprobleme bekommen haben. Sie konnten diese Probleme erst wieder meistern, wenn sie bei ihren alltäglichen Gewohnheiten Zuflucht gefunden hatten.

So schadet Trauer nicht der Verdauung

Jeder von uns – egal ob jung oder alt – kommt im Laufe seines Lebens in eine triste Situation, in der er Trauer trägt. Es kann so vieles geschehen: der Tod eines geliebten Menschen, die Trennung von einem lieben Menschen, der Verlust von Geld und Besitz, Kränkung, Enttäuschung, ein Mißerfolg, Existenzangst, der Verlust eines Haustieres, mit dem man jahrelang zusammengelebt hat.

Manche Elternpaare sind traurig, wenn die Kinder das Haus verlassen, weit weg ziehen. Manche Frauen und Männer werden von Trauer geplagt, weil ihre Partnerschaft zerbrochen ist.

Und jetzt dazu ein wichtiges Detail. Es ist nicht salonfähig, darüber zu reden. Aber all diese Trauersituationen sind fast immer mit einem großen Problem verbunden. Der Betroffene leidet parallel an mehr oder weniger schweren Verdauungsstörungen. Trauer kann die Verdauung über die Verbindung Hirn und Darm enorm durcheinanderbringen. Und darum muß man auch einmal ganz offen und ehrlich darüber reden, wie man das verhindern kann. Das geht nämlich.

Trauer kann die Verdauung blockieren

Betrachten wir es einmal aus der Sicht des Psychotherapeuten und Psychiaters. Wie äußert sich denn eigentlich die Trauer? Es ist bei jedem anders. Trauer kann tiefste Verzweiflung auslösen. Sie kann zu Depressionen führen, zu Hilflosigkeit, zu einer großen inneren Leere. Rein körperlich kann sich das in einem permanenten Durchfall oder in hoffnungsloser Verstopfung dokumentieren. Und jetzt frage ich Sie: Wer

befaßt sich in der Lage der Trauer mit seinem Magen oder Darm? Wer redet darüber? Keiner.
Viele, die voll Trauer durchs Leben gehen, die ihre Situation oft als ausweglos einschätzen, sind der Meinung: »Das stehe ich nicht durch. Das schaffe ich nicht.« So darf man der Trauer niemals gegenüberstehen. Man muß lernen, mit diesem trostlosen Gefühl umzugehen. Nur dann kann Trauer dem Körper keinen Schaden zufügen.
Was tun Menschen, die von tiefer Trauer befallen sind, nun wirklich? Statistiken in den Universitätsinstituten für Medizinische Psychologie in Deutschland, Österreich und in der Schweiz verraten es: Die meisten stellen sich der Trauer nicht, die sie da durchleben müssen. So wollen viele eher ihren Kummer ersticken, verdrängen. Sie flüchten in den Alkohol oder zu Medikamenten. Sie wollen sich das Leben nehmen. Hauptursache für diese Situation: Wer trauert, kann oft keinen klaren Gedanken fassen. Man wird von Hilflosigkeit und Ratlosigkeit übermannt.

Viele flüchten zu Alkohol und Medikamenten

Folgende Maßnahmen sind wichtig, damit man mit Trauer fertig wird. Mehr noch, damit man auch im Umfeld Magen und Darm davor schützt:

- Nur der kann einen neuen Anfang nach einer Trauerphase finden, der sein seelisches Tief aktiv bewältigt. Dazu gehört, daß man sich von anderen Kraft holt. Das kann man aber wieder nur dann, wenn man mit anderen über seinen Kummer redet.
- Es hat sich beispielsweise gezeigt, daß Menschen, die in ihrer Trauerphase keinen Kontakt zu anderen suchten, Diabetes, eine Schilddrüsenstörung, Magen- und Darmerkrankungen oder hohe Blutdruckwerte bekommen haben. Das passiert Trauernden, die sich ihr Problem von der Seele reden, fast nie.

Man muß sich Probleme von der Seele reden

- Daher ist es wichtig, daß man Freunde hat, die einem zuhören. Ist das nicht der Fall, so sollte man den Hausarzt, einen Psychiater oder Psychotherapeuten aufsuchen und ihn um Hilfe bitten.
- Wer trauert, muß Geduld haben. Erst nach einem längeren Verlauf der Trauerphase, die auch mit Angst und Verzweiflung verbunden sein kann, faßt man Mut, kann seine Gedanken wieder sammeln.
- Viele von uns haben ein Leben lang Träume und Sehnsüchte, die sie sich nie erfüllen. Nutzen Sie die Trauer. Steigen Sie aus und erfüllen Sie sich jetzt so einen Wunschtraum, damit Sie sich besser fühlen und Abstand zu dem bösen Erlebnis gewinnen. Egal, ob es sich um eine Reise, um die Anschaffung eines ungewöhnlichen Gegenstandes oder um den Kontakt zu einem Menschen handelt, der mit dem alten Leben nicht vereinbar war. Mit der Erfüllung so einer Sehnsucht kann plötzlich wieder die Lebensfreude da sein. Und schon bald werden organische Probleme – wie etwa Störungen der Verdauung – wieder verschwinden.

Naturarzneien bringen Entspannung – auch für die Darmfunktion

Es gibt kleine Hilfsmittel aus der Natur, damit man mit Trauer besser zurechtkommt. Arzt und Apotheker geben da Auskunft. Es sind Naturarzneien auf der Basis von Johanniskraut, Kava-Kava, Lavendel und Baldrian. Sie bringen Entspannung, die sich auf Umwegen auch wieder auf die Darmfunktion auswirkt.

Eine interessante These vertritt der amerikanische Psychotherapeut Dr. Bob Marley in San Francisco. Er sagt: Wenn man sich von der Trauer überrollen läßt, dann schwächt man die Immunkraft. Wenn man dagegen ankämpft, dann stärkt man die Abwehrkräfte. Britische Ärzte haben die Erfahrung gemacht: Dasselbe gilt auch für die Verdauung.

2 Der Verdauungstrakt: Unser Zentrallabor

Jeder von uns kann Störungen im Bereich der Verdauung besser bekämpfen, wenn er genau weiß, welche Mechanismen aktiviert werden, sobald wir Nahrung aufgenommen haben. Es muß uns bewußt werden, daß wichtige Phasen der Verdauung bereits beim Kauen beginnen. Und ebenso müssen wir wissen, daß für eine intakte Immunkraft eine entsprechende Menge an positiven Darmbakterien sowie auch ein Gleichgewicht zwischen Säuren und Basen in unserem Organismus notwendig sind.

Die Verdauung beginnt im Mund

Wenn man es genau betrachtet, so ist der Verdauungstrakt das Zentrallabor unseres Organismus. Hier werden in vielen verschiedenen Bereichen alle lebenswichtigen Substanzen vom Eintritt in den Mund bis zum Austritt am Darmausgang verarbeitet und genutzt, damit unsere Zellen genügend Energie und Lebensmöglichkeit haben. Der Magen- und Darmtrakt durchzieht fast den ganzen Körper. An der Verdauung sind viele Organe – sogenannte Anhangsorgane – beteiligt, die als prächtiges Teamwork harmonisch einander zuarbeiten. Das ist auch höchst notwendig, denn unser Organismus kann nur jene Nahrung auswerten, die in kleinste Einzelteile aufgespalten ist.

Ein starkes Team für unsere Lebenskraft

Die wichtige Arbeit der Verdauung beginnt bereits im Mund, unmittelbar nach der Nahrungsaufnahme, durch die Zähne. Sie führen die Erstzerkleinerung der Nahrung durch. Je besser sie diese Aufgabe erfüllen, desto leichter hat es dann der übrige Verdauungstrakt. Im Volksmund sagt man: »Gut gekaut ist halb verdaut!« Daher ist es auch so wichtig, daß wir immer durch regelmäßige Besuche beim Zahnarzt dafür sorgen, daß unsere Kauwerkzeuge in bestem Zustand sind.

Der Speichel unterstützt die Arbeit der Zähne

Unterstützt werden die Zähne durch den Speichel. Dadurch wird die Nahrung so weich, daß sie geschluckt und weitergeleitet werden kann. Doch im Speichel befinden sich auch Enzyme, welche die Nahrung bereits in einer ersten Phase biochemisch aufschließen.

Dann geht es durch die Speiseröhre direkt in den Magen, ein sackähnliches Hohlorgan, das eineinhalb Liter faßt. Hier wird die vorgekaute Nahrung nunmehr zu einem Brei zerkleinert. Dafür produziert die Magenschleimhaut in speziellen Zellen Salzsäure zur Verarbeitung von Eiweiß. Dabei helfen aber auch andere Verdauungssäfte und Enzyme mit, wie etwa das Pepsin. Der Speisebrei verweilt zwischen 1 und 5 Stunden im Magen. Am längsten bleibt das Fett. Am kürzesten der Zucker.

Insulin – lebenswichtig für den Zuckerstoffwechsel

Eine wichtige Rolle bei der Verdauung spielt auch die Bauchspeicheldrüse, das Pankreas. Der Vagusnerv, der vom Gehirn kommt, und das Blut regen hier die Bildung von täglich 1 bis 1 1/2 Liter Saft an, der basisch wirkt. In den B-Zellen der Bauchspeicheldrüse wird das Hormon Insulin hergestellt, lebenswichtig für den Zuckerstoffwechsel.

Durch den Magenpförtner kommt der Speisebrei in vorbereiteten Portionen in den Zwölffingerdarm. Es handelt sich dabei um den Anfang des 2 Meter langen Dünndarms. Hier wird dem Speisebrei wieder Wasser entzogen, damit der Organismus nicht zuviel Flüssigkeit verliert. Da sich in der aufbereiteten Nahrung auch Krankheitserreger befinden, tritt hier ein perfekt funktionierendes Abwehrsystem in Aktion.

Ein perfektes Abwehrsystem tritt in Funktion

In den Zwölffingerdarm münden ganz wichtige Mitarbeiter der Verdauung: der Gallengang und die Bauchspeicheldrüsengänge. Über den Gallengang wird der fettlösende Gallensaft aus der Leber und aus der Gallenblase angeliefert. Der Saft zerlegt die Fette aus der Nahrung, damit dann der Dünndarm die Fette und die fettlöslichen Vitamine A, D, E und K aufnehmen kann. Dabei gelangen auch Farbstoffe in den Speisebrei, die für die braungelbliche Färbung des Stuhls verantwortlich sind. Die Bauchspeicheldrüse bringt Enzyme bei. Sie bereiten die Nährstoffe so auf, daß diese nun von der Darmwand aufgenommen werden können. Vom Dünndarm aus werden sie dann ins Blut weitergegeben. Während all dieser Vorgänge wird der Speisebrei ständig durch Muskelbewegungen durchgeknetet. Am Ende des Dünndarms kann dem Körper erst das Vitamin B_{12} zugeführt werden.

Sobald der restliche, ausgebeutete Speisebrei in den Dickdarm – auch Colon genannt – gelangt ist, zersetzen unzählige Bakterien die noch unverdauten Nahrungsteile und bearbeiten, so weit es geht, auch die Ballaststoffe. An all diesen Vorgängen sind auch positive, lebenswichtige Bakterien – die Darmflora – beteiligt. Sie schützt vor Krankheitserregern und sorgt für den Weitertransport des Speisebreis, dem hier wieder Wasser entzogen wird, so daß – in einem

Die Darmflora schützt vor Krankheiten

gesunden Organismus – ein eingedickter und geformter Stuhl entsteht. Die mit dem Wasser resorbierten Mineralstoffe und Spurenelemente werden ebenfalls vom Körper über die Blutbahn aufgenommen.

Der äußere Schließmuskel des Enddarms muß in den ersten Lebensjahren trainiert werden

Schließlich gelangt der Stuhl in den Mastdarm, wo er bis zur Entleerung gespeichert wird. Ein innerer und äußerer Schließmuskel dichtet den Enddarm ab. Der äußere Muskel kann vom Menschen durch den eigenen Willen gesteuert werden. Deshalb muß er in den ersten Lebensjahren trainiert werden, bis das Kleinkind »sauber« ist. Der Stuhl besteht schließlich aus Wasser, unverdaulichen Nahrungsresten, aus Schleim, Verdauungssäften und großen Mengen an Bakterien.

So bauen Sie die gestörte Darmflora wieder auf

Das größte Immunorgan des Menschen

Jede Mahlzeit, die wir einnehmen, ist nicht nur eine Freude für den Gaumen. Sie ist auch lebenswichtig. Wir nehmen mit dem Essen die nötige Energie auf, die wir brauchen: mit Vitaminen, Mineralstoffen, Spurenelementen, Enzymen und anderen Substanzen. All diese Stoffe können aber von unserem Organismus nur dann genutzt werden, wenn im Darm alles in Ordnung ist. Das bedeutet: Unsere Darmflora – die Welt der positiven, gesundheitsfördernden Bakterien im Darm – muß intakt sein. Es gibt so viele Gründe, daß dies nicht der Fall ist. Daher müssen wir dafür sorgen, daß in unserem Darm wieder rasch geordnete, harmonische Verhältnisse herrschen. Das geht einfacher, als man denkt.

Unser Darm steht genauso wie die Haut oder die Atemwege in direktem Kontakt zur Außenwelt. Ich habe es zuvor schon erklärt: Seine Funktion ist vielfältig. In erster Linie hat er die Aufgabe, Nahrungsstoffe aufzunehmen, zu verwerten und nicht verwertbare Substanzen auszuscheiden. Er ist sozusagen die Barriere, der Schutzwall zwischen Außen und Innen. Gleichzeitig aber – was wenige wissen – ist der Darm das größte Immunorgan des Menschen. Und dabei spielen ungefähr 100 Billionen verschiedener positiver Keime und Bakterien eine wichtige Rolle. Sie gehören zur Darmflora.

Seit dem Jahr 1986 weiß man auch, daß die Aufnahme von Ballaststoffen nicht nur die Verdauung fördert, sondern daß sie auch zur Vermehrung dieser positiven, lebenswichtigen Bakterien im Darm beiträgt. Je mehr solcher Bakterien wir haben, desto mehr ist unser Organismus vor Giften und Krankheitserregern geschützt.

Positive Bakterien als Schutzpolizei gegen Infektionen

Eine gesunde Darmflora ist sozusagen eine Schutzpolizei gegen Infektion und viele andere Krankheiten. Daher löst eine Störung der Darmflora unverweigerlich eine Reihe von gesundheitlichen Problemen aus. Es kommt zu einem Vitaminmangel im Körper, weil nur eine gesunde Darmflora die aufgenommenen Vitamine entsprechend aufschließen und weitergeben kann. Es können Lebererkrankungen entstehen, weil in einer gestörten Darmflora anstelle von Milchsäure Alkohol gebildet wird. Und der belastet die Leber und behindert sie bei ihrer Arbeit. Eine gestörte Darmflora löst aber auch sehr oft Allergien aus. Schuld daran sind Substanzen wie Indol, Cresol, Phenol und Ammoniak, welche den Histaminhaushalt stören. Auch Hautkrankheiten können verursacht werden, wie etwa die gefürchtete Neurodermitis.

Sehr oft führt eine gestörte Darmflora auch zu hartnäckigen Pilzerkrankungen. Und da die Bakterien im

Darm einen wesentlichen Beitrag zur allgemeinen Immmunkraft leisten, führt eine gestörte Darmflora zu einer Schwächung der natürlichen Abwehrkräfte. Das bedeutet: erhöhte Infektanfälligkeit, vermehrte Entzündungen und Leistungsabfall.

Die berechtigte Frage lautet nun: Wie kann es nun konkret zu einer Störung der Darmflora kommen? Wodurch wird die Harmonie der positiven Bakterien im Verdauungstrakt gestört?

Da gibt es viele Möglichkeiten: durch eine Darminfektion, durch einen grippalen Infekt oder eine Erkältung, durch die Aufnahme von zu vielen Konservierungsstoffen aus der täglichen Nahrung, durch die zunehmende Umweltbelastung, durch ungewohnte Ernährung in fremden Ländern, aber auch durch falsche Ernährung im Alltag mit zuviel Fett und zuviel Zucker, durch zuviel Streß, aber auch durch die Aufnahme von Antibiotika. Man muß sich das so vorstellen: Eine medizinische Behandlung mit Antibiotika killt nicht nur – was erwünscht ist – die krankmachenden Bakterien im Organismus, sondern auch die gesundheitsfördernden in der Darmflora. Schließlich kann die Harmonie im Verdauungsbereich auch durch eine Behandlung von Magen- und Darmerkankungen erheblich gestört werden.

Auch Antibiotika zerstören und schwächen die Darmflora

All diese Erkenntnisse bestätigen die Erfahrungen des Arztes und Wissenschaftlers Prof. Dr. Metchnikoff – des Nachfolgers des berühmten Louis Pasteur. Er schrieb bereits um die Jahrhundertwende über die Bedeutung des Darmes für das Wohlergeben des Menschen. Von ihm stammt auch der bekannte Satz: »Der Tod sitzt im Darm!«

Wenn nun die Darmflora gestört ist, so wissen die moderne Ernährungswissenschaft und die Medizin ganz genau, wie man helfen und alles wieder in Ordnung bringen kann. Die Darmflora muß saniert werden. Man nennt das eine Symbioselenkung. Symbiose, das bedeutet: Zusammenleben. Gemeint ist das Zusammenleben unseres Körpers mit den lebenswichtigen Bakterien. In diesem Fall werden dem Darm von außen lebenswichtige Bakterienkulturen aus der Apotheke in Tablettenform oder als Tropfen zugeführt: zum Beispiel das »Bifidum Bakterium Longum« oder den »Lactobazillus Acidophilus«. Mit mehrwöchigen Kuren kann die geschädigte Darmflora auf diese Weise wieder regeneriert werden. Sprechen Sie mit Ihrem Arzt darüber.

Eine Symbioselenkung schafft wieder Ordnung

In leichteren Fällen wird es genügen, wenn der Betreffende sich über einen längeren Zeitraum ballaststoffreich ernährt: mit Vollkornprodukten, reichlich Obst und Gemüse, mit Müsli und Leinsamen. Ballaststoffreiche Nahrung erfordert allerdings auch die Aufnahme von besonders großen Mengen an Flüssigkeit. In gewissem Maße kann es aber auch den Aufbau der gestörten Darmflora fördern, wenn man regelmäßig normales Joghurt, noch besser ein probiotisches Joghurt und milchsauer vergorene Gemüsesäfte aus dem Reformhaus zu sich nimmt.

Übersäuerung: Ursache für viele Erkrankungen

Ein saures Milieu im Körper muß rasch bekämpft werden

Viele Menschen haben ein gesundheitliches Problem, rätseln wegen der Ursache und ahnen nicht, daß es sich oft einzig und allein um eine Übersäuerung des Organismus handelt. Die Auswirkungen einer Bindegewebsübersäuerung können mitunter erschreckend sein. Daher ist es ganz wichtig, daß wir alle ein »saures Milieu« in unserem Körper so rasch wie möglich bekämpfen.

Dazu muß man wissen: In einem gesunden Organismus befindet sich das Stoffwechselgeschehen der Zellen und Organe in einem natürlichen Gleichgewicht zwischen Säuren und Basen. Das ideale Verhältnis: 80 Prozent Basen, 20 Prozent Säuren.

Nun gibt es viele Gefahren im Leben des Menschen, welche den Säureanteil erhöhen und das richtige Säuren-Basen-Verhältnis stören: falsche, einseitige Ernährung mit säurebildenden oder sauren Lebensmitteln und Getränken, übermäßiger, ständiger Streß, aber auch Schadstoffe aus der Umwelt.

Solange die Basen im Körper überwiegen, können die Säuren von ihnen neutralisiert werden. Wenn nun die Säuren in zu großen Mengen vorhanden sind, dann setzen sie sich im Bindegewebe ab. Sie blockieren den Abtransport von Schlacken- und Giftstoffen. Die Körperzellen ersticken förmlich in diesem Müll und können ihre Aufgaben nicht mehr erfüllen. Der erste Schritt für eine Reihe von gesundheitlichen Störungen ist getan. Vor allem reagieren Enzyme und Hormone sehr empfindlich auf eine Übersäuerung.

Der Abtransport von Giften und Schlacken wird blockiert

Wenn der Körper mit Säuren überlastet ist, dann können folgende Erkrankungen und Alltagsbeschwerden auftreten: entzündetes Zahnfleisch, schlechter Atem, eine deutliche Empfindlichkeit der Zähne gegen Kälte, Hitze und Saures, verstärkte Infektanfälligkeit, brüchige, weiche Fingernägel, häufige Müdigkeit, kalte Füße und Hände, trockene, rissige Haut, glanzloses Haar, Haarausfall, depressive Zustände, Parodontose, Migräne, erhöhte Leberwerte, Blähungen und Völlegefühl, Brennen beim Harnlassen, Ischias, Gelenkbeschwerden, Osteoporose, nächtliche Muskelkrämpfe. Schon dieser Skala kann man entnehmen, daß der Verdauungstrakt durch eine Übersäuerung massiv gestört sein kann.

Wer sich ausschließlich von Obst und Gemüse ernährt, wer weder Alkohol noch Kaffee trinkt, der muß sich über eine Übersäuerung keine Sorgen machen. Sie entsteht aber im Laufe der Jahre, wenn jemand oft Fleisch und Innereien ißt, Produkte aus Weißmehl und Zucker genießt, viel Süßes nascht und überdies ständig unter Streß steht. Auch Fertiggerichte aus Konserven und aus der Tiefkühltruhe, viel Eier, Erdnüsse und Senf tragen dazu bei.

Basische Substanzen entsäuern den Organismus

In diesem Fall gibt es nur eine wirksame Möglichkeit: Sofort die tägliche Ernährung umstellen und dem Körper im Rahmen einer Kur lebenswichtige, basische Substanzen – Mineralien und Pflanzenstoffe – zuführen. Es handelt sich dabei um eine Kombination von sogenannten Mikronährstoffen (Apotheke) wie Calciumcarbonat, Magnesiumhydroxidcarbonat, Kaliumcitrat, Magnesiumstearat und viele andere mehr. Damit wird eine optimale Entsäuerung des Organismus eingeleitet.

Zugleich aber muß die Umstellung der täglichen Nahrung gestartet werden: am besten ausgewogene Vollwertkost mit Vollkornprodukten, viel Obst und Gemüse, reichlich Kartoffeln. Sie gelten als die klassischen Basenlieferanten und sind damit auch die ideale Beilage zum säurebildenden Fleisch. Weiterhin braucht unser Körper als Bollwerk gegen die Säuren: Gemüsebrühe, Molke sowie basenreiche Trockenfrüchte. Weitere Basenspender: kohlensäurearme Mineralwässer, Milch, Gewürz- und Wildkräuter.

3 Gesunde Ernährung für eine gesunde Verdauung

Gesunde, ausgewogene und vielfältige Ernährung ist eine wesentliche Voraussetzung für eine optimal funktionierende Verdauung. Es ist daher wichtig, daß wir uns einmal grundlegend mit der Bedeutung von Vollkornprodukten, von Obst und Gemüse und von Ballaststoffen, aber auch mit dem Wert von milchsauer vergorenem Gemüse und mit dem Einsatz von Gewürzen für den Magen sowie von Heilkräutern für Leber und Galle beschäftigen. Dabei helfen uns 10 Verdauungslektionen.

Viele essen gedankenlos und wahllos

Eigentlich ist es ganz logisch: Wer sich nach gesunden Grundsätzen ernährt, der kann damit einer Reihe von Verdauungsproblemen vorbeugen. Überlegen Sie einmal: Es ist enorm, was unser Darm tagtäglich leisten muß. Viele von uns essen gedankenlos und wahllos Nahrungsmittel in sich hinein und denken gar nicht darüber nach, daß sie damit ihren Verdauungstrakt überlasten. Allein, wenn jemand zu oft zu viel konsumiert, kann der Darm das hemmungslos Nachgelieferte gar nicht bewältigen. Er kommt mit seiner Verdauungsarbeit kaum nach. Damit werden bereits Verdauungsstörungen eingeleitet. Weiterhin ist entscheidend, welche Nahrung man zuführt. Wer also etwas für seine gesunde Verdauung tun will, der sollte die Grundsätze einer ausgewogenen, vielfältigen und vernünftigen Ernährung kennen.

Verdauungs-Training mit Messer und Gabel

Verdauungslektion Nr. 1: 5 kleine Mahlzeiten am Tag

Wenn Sie die vielfach verbreitete Gewohnheit von 3 großen Mahlzeiten am Tag ablegen und dafür 5 kleinere einnehmen, dann werden Sie sofort einige Vorteile spüren: Sie gehen mit mehr Schwung und Leistungskraft durch den Tag. Sie reduzieren etwaige Leistungstiefs und fühlen sich nicht mehr so müde wie früher. Und die Verdauung wird wenig Probleme bereiten. Die Erklärung: Wir sollten unsere Eßgewohnheiten viel mehr unserem Biorhythmus anpassen. Keiner von uns ist von morgens bis abends in Hochform. Jeder von uns hat so seinen »Durchhänger«. Die Leistungskurve geht nach unten. Das kann man mit der Ernährung verhindern oder zumindest mindern.

Essen nach dem Biorhythmus

Das ist die ideale Einteilung der Nahrungszufuhr: 3 sogenannte Hauptmahlzeiten am Morgen, mittags und am Abend, dazwischen jeweils ein kleiner Imbiß am Vormittag und einer am Nachmittag. Das hat auch große Vorteile für den Stoffwechsel. Unsere Verdauungsorgane werden nicht so sehr beansprucht. Die Blutzuckerkurve verläuft flacher. Man muß allerdings peinlich genau darauf achten, daß keine der 5 Mahlzeiten zu üppig ausfällt, sonst steigt das Körpergewicht. Das bedeutet: Die Hauptmahlzeiten müssen logischerweise kleiner als bisher sein.

Verdauungslektion Nr. 2: Jeden Tag 2 Liter Flüssigkeit

Unser Darm braucht täglich bis zu 2 Liter Wasser

Der menschliche Organismus benötigt täglich 1½ bis 2 Liter Wasser. Dieses ist für alle Lebensvorgänge unentbehrlich. Ganz besonders im Darm bei der Verdauung. Unser Körper braucht Wasser als Baustoff, zum Transportieren und Lösen von Nährstoffen sowie zum Temperaturausgleich. Jeden Tag gibt der Körper über Harn, Haut und Atemluft 2½ Liter Flüssigkeit ab. Diese Verluste müssen ersetzt werden. Es ist daher keine Frage, daß die wertvollste und sinnvollste Flüssigkeit das Wasser ist: Mineralwasser mit oder ohne Kohlensäure oder qualitativ hochwertiges Leitungswasser. Eine gute Alternative sind ungesüßte Kräutertees. Der Vorteil all dieser gesunden Flüssigkeiten: Sie haben keine Kalorien.

Wie wichtig Flüssigkeit für unseren Darm ist, das wird uns klar, wenn wir beispielsweise an einem grippalen Infekt oder an einer Virusgrippe erkranken und mit hohem Fieber im Bett liegen. Wenn wir nicht genügend trinken, bekommen wir hartnäckige Verstopfung, weil der Darm durch die hohen Körpertemperaturen viel Wasser verbraucht und ohne entsprechende Flüssigkeit keinen Nahrungsbrei aufbereiten kann.

Kinder und junge Menschen haben meist großen Durst und daher ein ausgeprägtes Bedürfnis, reichlich Flüssigkeit aufzunehmen. Sie werden kein Problem damit haben, jeden Tag 2 Liter Wasser zu konsumieren. Erfahrungsgemäß trinken hingegen ältere Menschen viel zu wenig. Die Erklärung dafür: Mit den Jahren läßt das Durstgefühl nach. Es ist daher wichtig, sich jeden Morgen die Mengen, die man trinken muß, vorzugeben. Das geht ganz einfach: Man stellt sich 2 bis

3 Flaschen Mineralwasser auf den Tisch und gibt sich selbst den Auftrag: Die Flaschen müssen abends leer sein. So hat man eine exakte Kontrolle über die lebenswichtige Flüssigkeitsaufnahme. Menschen, die zu wenig trinken, leiden viel öfter an Verdauungsproblemen.

Trinkkontrolle für eine gesunde Verdauung

Verdauungslektion Nr. 3: Ausgewogen und vollwertig essen

Die tägliche Ernährung kann nur dann gesundheitsfördernd sein, wenn sie ausgewogen, vielseitig und vollwertig ist. Je mehr verschiedene Nahrungsmittel, Naturprodukte und Speisen man für jede Mahlzeit oder zumindest für den Tag kombiniert, desto mehr lebensnotwendige Nährstoffe und Vitalstoffe erhält unser Organismus. Unser Körper benötigt eine breite Palette an lebenswichtigen Substanzen: Eiweiß, Fett, Kohlenhydrate, Vitamine, Mineralstoffe, Spurenelemente, Enzyme, Ballaststoffe, Wasser. Er braucht von allem etwas, also keine großen Mengen. Wer täglich aus einem breiten Angebot an Lebensmitteln möglichst Verschiedenes ißt, der kommt dem Verlangen unseres Körpers nach und unterstützt auch seine Verdauung. Ein ideale Mischung unserer täglichen Nahrung sollte in etwa so aussehen:

- Bei Getreide, Getreideprodukten und Kartoffeln darf man kräftig zulangen. Täglich etwa 5–7 Scheiben Brot, 270 Gramm gekochte Teigwaren oder Naturreis, 5 mittelgroße Kartoffeln.
- Gleich danach kommen Gemüse und Hülsenfrüchte: täglich mindestens 1 Portion Gemüse von 200 Gramm und 100 Gramm Salat. Ebenso wichtig: täglich mindestes 2 Stück Obst oder 250 Gramm gemischtes Obst. Die ideale Lösung: jeden Tag

Jeden Tag 200 Gramm Gemüse und 250 Gramm Obst

3 Äpfel, 1 Orange, 1 Grapefruit, 1 Kiwi, 1 Banane, im Sommer $^{1}/_{2}$ Zucker- oder Honigmelone oder $^{1}/_{4}$ von einer Wassermelone.

- Etwas sparsamer sollte man mit Milch und Milchprodukten umgehen: täglich $^{1}/_{4}$ Liter fettarme Milch oder 1 Becher Joghurt, weiter 90 Gramm Käse.
- Was den Konsum von Fisch, Fleisch und Eiern anbelangt, so gilt die Regel: zweimal die Woche je 150–200 Gramm Meeresfisch, zwei- bis dreimal die Woche jeweils 1 Portion zu je 150 Gramm Fleisch und zwei- bis dreimal je 50 Gramm Wurst. Dazu 3 Eier pro Woche.
- Absolut sparsam müssen wir mit Fetten und Ölen umgehen. Pro Tag sollten wir nicht mehr als 40 Gramm Streichfett und Kochfett konsumieren. Das sind etwa 2 Eßlöffel Butter oder Margarine. Außerdem können 1 bis 2 Eßlöffel hochwertiges Pflanzenöl für die Zubereitung von Speisen verwendet werden.

Wir sollten diese Nahrungskombination ernst nehmen. Einseitiges Essen schadet nämlich im Laufe der Zeit der Gesundheit, da es zu Mangelerscheinungen kommen kann. Und dadurch kann der Grundstein zu einer Reihe von Erkrankungen geschaffen werden. Ganz besonders müssen junge Leute und Senioren darauf achten. Die Jungen sind allzuoft verleitet, unentwegt Fast food zu essen. Die Senioren ernähren sich oft – in falscher Bescheidenheit und Unwissenheit – wochenlang nur von Kaffee und weißen Brötchen. In beiden Fällen ist ein Mangel an lebenswichtigen Vitalstoffen vorprogrammiert. In beiden Fällen muß im Laufe der Zeit mit Störungen der Verdauungsfunktionen gerechnet werden.

Einseitige Ernährung bei Jugendlichen und Senioren

Verdauungslektion Nr. 4: Jeden Tag Obst und Gemüse

Obst und Gemüse muß im Mittelpunkt einer gesunden Ernährung und damit einer intakten Verdauung stehen. Und zwar muß frisches Obst und auch rohes Gemüse dabei sein. Und wenn schon nicht roh, dann sollte das Gemüse zumindest schonend zubereitet sein. Auf diese Weise holt sich der Organismus aus der Natur wertvolle Vitamine, Mineralstoffe, Spurenelemente und Enzyme. Dieser Bedarf kann nur gedeckt werden, wenn Sie davon regelmäßig reichlich essen. Das kann niemals zu einem Gewichtsproblem führen, weil Obst und Gemüse wenig Kalorien haben. Es ist zum Beispiel ein großer Unterschied für die Arbeit des Darmes, ob Sie zum Dessert ein Stück Torte oder eine Grapefruit verzehren. Ob Sie als Mahlzeit ein warmes Fleischgericht oder ein Stück Vollkornbrot mit einer Rohkostplatte genießen. Vor allem Obst und Gemüse liefern dem Verdauungstrakt wichtige Ballaststoffe, die den Darm aktivieren und außerdem zu hohe Cholesterinwerte senken können.

Ballaststoffe senken zu hohe Cholesterinwerte

Es sollte kein Tag vergehen, an dem Sie nicht Gemüse, Hülsenfrüchte, Kartoffeln und Obst konsumiert haben.

Verdauungslektion Nr. 5: So natürlich wie möglich

Alle Naturprodukte, die wir essen, sollten so natürlich wie möglich bleiben. Das bedeutet: roh essen, so frisch wie möglich essen und schonend zubereiten, so daß sämtliche Vitalstoffe – zumindest zu einem überwiegenden Teil – erhalten bleiben. Das ist in unserer täglichen Ernährung leider nicht selbstverständlich. Obst und Gemüse werden oft nach dem Kauf zu lange gelagert oder schlecht gelagert. Viele

Naturprodukte werden zu lange gekocht, mehrmals wieder aufgewärmt. Sehr oft wird beim Zubereiten zuviel Wasser verwendet. Dabei werden viele lebensnotwendige Nährstoffe zerstört. Die Lebensmittel werden regelrecht ausgelaugt. Die Vitamine gehen kaputt, weil die Lebensmittel zu sehr dem Licht, der Luft, der Hitze und dem Wasser ausgesetzt sind.

Der Darm braucht Nahrung ohne Zusatzstoffe

Für eine funktionierende Verdauung ist auch wichtig, daß die Nahrungsmittel, die wir aufnehmen, möglichst keine Konservierungsstoffe, keine künstlichen Aromastoffe, keine Farbstoffe und keine Umweltschadstoffe enthalten. All diese Substanzen können die Arbeit des Darmes erheblich stören.

Verdauungslektion Nr. 6: Fettarm, aber nicht fettfrei

Es ist unbestritten: Wir brauchen in unserem Organismus Fett für unseren Fettstoffwechsel, für unsere Energie, für den Aufbau unserer Körperzellen, für die Anlieferung von Fettsäuren und für die Aufschließung und Verarbeitung der fettlöslichen Vitamine A, D, E und K. Daher ist es nicht sehr sinnvoll, fettlos zu essen. Ganz ohne Fett können Magen und Darm nicht arbeiten. Die Devise muß aber lauten: Wenig Fett ist gesünder! Zuviel Fett macht fett, liefert große Mengen an Kalorien. Übergewicht und viele Krankheiten entstehen durch einen übermäßigen Konsum an Fett. Dabei sind am gefährlichsten die sogenannten »versteckten« Fette in Wurst, Käse, Eiern, Milch, Nüssen, Süßwaren und in der Schokolade. Greifen Sie beim Einkauf zu fettarmen Lebensmitteln. Es ist heute fast überall auf den Packungen der Fettgehalt angegeben. Da dies bei der Wurst nicht der Fall ist, sollten Sie nicht so oft danach greifen und keine zu großen Mengen essen.

Vorsicht vor »versteckten« Fetten

Streichen Sie Fette wie Margarine oder Butter dünn aufs Brot. Überlegen Sie, ob es in manchen Fällen vielleicht gar nicht notwendig ist, ein Streichfett zu verwenden. Verwenden Sie für Salate ausschließlich hochwertige, nach Möglichkeit kaltgepreßte Pflanzenöle mit einem hohen Anteil an ungesättigten Fettsäuren. Dazu gehören beispielsweise Olivenöl, Maiskeimöl, Sonnenblumenöl, Distelöl, Weizenkeimöl, Sesamöl. Sparen Sie beim Zubereiten von Speisen so oft wie möglich Fett. Verwenden Sie beim Braten spezialbeschichtete Pfannen. Dünsten und dämpfen Sie das Gemüse ohne Fett. Schöpfen Sie bei Bratensoßen und Fleischsuppen das Fett ab. Bauen Sie Paniertes und Frittiertes so wenig wie möglich in Ihren Speiseplan ein. Magen und Darm werden es Ihnen danken. Zu den fettarmen Lebensmitteln in unserer täglichen Nahrung, die besser verdaulich sind, gehören: Brot, Getreide, Haferflocken, Beinschinken ohne Fettrand, Putenschnitzel, Hühnerbrust, Topfen (Quark), Buttermilch, fettarme Milch, gedämpfter Meeresfisch, Pellkartoffeln, Gemüse – roh oder gedünstet, Obst. Zu den fettreichen Lebensmitteln, die mit Vorsicht zu genießen sind, weil sie die Verdauung belasten, gehören: Schokolade, Bonbons, Erdnüsse, Kuchen, Croissants, Weißgebäck, Speck, Bratwurst, Schlagsahne, Käse mit 60 Prozent Fettanteil, marinierter Hering, geräucherte Makrele, Bratkartoffeln, Pommes frites, Kartoffelchips.

Fettreiche Lebensmittel sind schwer verdaulich

Verdauungslektion Nr. 7: Fleisch in kleinen Mengen

Wenn Sie gesund leben und Ihre Verdauung unterstützen wollen, dann sollten Sie tierisches Eiweiß – Fleisch, Wurst, Eier – nicht in zu großen Mengen und nicht zu oft essen. An sich ist Fleisch ein wertvolles Lebensmittel, da es dem Organismus neben dem Eiweiß reichlich Vitamin B_1, Zink und Eisen zuführt. Aber mit dem tierischen Eiweiß bekommen wir auch Fette, Cholesterin und Purine sowie Salze angeliefert. Es macht daher Sinn, wenn wir uns Eiweiß alternativ auch aus Fisch und aus Kartoffeln, Hülsenfrüchten und Getreide holen. Dabei aber muß man wissen: Tierisches Eiweiß – in Maßen genossen – ist besonders wertvoll, da es dem Körpereiweiß des Menschen in seiner Zusammensetzung ähnlich ist und die lebensnotwendigen Bausteine im richtigen Verhältnis – mit 23 Aminosäuren – liefert.

Besondere Vorsicht ist bei Innereien am Platz. Durch die Zunahme der Umweltschadstoffe sind diese ganz besonders belastet. Außerdem treiben die Purine, die in den Innereien enthalten sind, den Harnsäurespiegel gewaltig in die Höhe. Wenn diese Harnsäure nicht abgebaut werden kann, dann setzt sie sich in Form von Kristallen in den Gelenken ab. Diese entzünden sich. Es kann zu Rheuma, Gicht und zur Nierensteinbildung kommen.

Zuviel Harnsäure kann Rheuma und Gicht verursachen

Wer häufig gepökelte Fleischwaren und Würste ißt, der nimmt damit außerdem noch viel zu viel Salz auf. Und das wieder treibt oft den Blutdruck in die Höhe. Wer in der täglichen Ernährung etwas für einen gesunden Darm tun möchte, der sollte nicht öfter als zwei- bis dreimal die Woche Fleisch als Hauptmahlzeit essen. Auf diese Weise entstehen im Verdauungstrakt nicht so viele Fäulnis- und Gärstoffe. Außerdem kann die Harnsäure bestens vom Körper verarbeitet und abgebaut werden. Wichtig: Jedesmal, wenn es Fleisch gibt, darf es nicht das größte Stück auf dem Teller sein. Wir müssen uns folgendes Maß vor

Augen halten: Das Fleisch soll bei einer Mahlzeit nicht im Mittelpunkt stehen. Es sollte – in Gesellschaft von Salaten und anderen Beilagen – das kleinste Stück sein. Das bedeutet in der Praxis: Eine Portion Fleisch sollte höchstens 150 Gramm, eine Portion Wurst höchstens 50 Gramm haben. Was das Ei betrifft, so gilt die Regel: 3 Stück pro Woche.

Fisch liefert Eiweiß und Jod

Essen Sie zweimal die Woche 150 bis 200 Gramm Meeresfisch. Fisch liefert hochwertiges Eiweiß und reichlich vom Spurenelement Jod. Unser Organismus braucht Jod für den Aufbau des Schilddrüsenhormons. Jodmangel führt zu einer vergrößerten Schilddrüse und vielen anderen Beschwerden.

Allerdings: Wenn man selten Fleisch ißt und zeitweise ganz darauf verzichtet, dann muß man aus anderen Quellen die lebensnotwendigen Eiweißbausteine – Aminosäuren genannt – aufnehmen. Welche Kombinationen aus anderen Lebensmitteln kann man da zusammenstellen? Hier einige Beispiele, die der Verdauung gut tun, außer man neigt zu Blähungen: Kartoffeln mit Rührei, Frikadellen aus Vollkorngetreide, Bohneneintopf mit Brot, Linsensuppe mit Brot und Joghurt.

Verdauungslektion Nr. 8: Vorrang für Vollkornprodukte

Wer seine gesunde Verdauung optimal unterstützen und in Schwung halten möchte, der sollte mehr und mehr Vollkornprodukte in den Speiseplan einbauen. Dazu gehören: Vollkornbrot, Naturreis, Getreidegerichte, Vollkornteigwaren, Haferflocken und Müsli.

Das volle Korn hat die meisten Vitalstoffe

Vollkornprodukte liefern die für die Verdauung so wertvollen Ballaststoffe, weiterhin Vitamine, Mineralstoffe und Spurenelemente. Sie enthalten aber auch hochwertiges Eiweiß, Stärke und Fett. All diese Vitalstoffe sitzen in ganz besonders intensiven Mengen in den Randschichten des vollen Korns. Im Weißmehl ist kaum etwas davon festzustellen.

Verdauungslektion Nr. 9: Mit Süßem sparsam umgehen

Viele von uns essen für ihr Leben gern Süßes. Sie rühren Unmengen von Zucker in den Kaffee oder Tee. Sie naschen Bonbons und gönnen sich am Ende jeder Mahlzeit ein Dessert. Das ist für die allgemeine Gesundheit nicht sehr gut. Zucker und Süßigkeiten in großen Mengen können Karies verursachen und führen zu Übergewicht. Und so geht man am besten mit Süßem um: Versuchen Sie, mit wenig Zucker auszukommen. Finden Sie wieder zu einem natürlichen Geschmacksempfinden zurück. Vergessen Sie nicht: Zuviel Zucker in der täglichen Ernährung bringt den Blutzuckerspiegel aus dem Gleichgewicht. Je mehr Zucker aufgenommen wird, desto mehr steigt der Blutzucker an. Damit diese hohen Mengen an Zucker aus dem Blut abtransportiert werden können, produziert die Bauchspeicheldrüse mehr Insulin. Der Blutzuckerspiegel fällt rapid ab. Derart große Schwankungen belasten den Stoffwechsel, machen schnell müde und lösen bald wieder Hunger aus. Ein verhängnisvoller Kreislauf.

Die Kunst, mit Süßem richtig umzugehen

Es ist wichtig zu wissen: Zucker ist reich an Energie. Er ist aber gleichermaßen arm an Vitalstoffen und Nährstoffen. Wenn Sie ein Stück Obst genießen, nehmen Sie viele Vitamine, Mineralstoffe, Enzyme und Spurenelemente auf. Das alles ist in einem Stück Kuchen nicht drin. Wer selten Süßigkeiten ißt, braucht kein schlechtes Gewissen zu haben. Konsumieren Sie aber auch nicht zuviel Süßstoffe und Zuckeraustauschstoffe. Lernen Sie besser, mit weniger süßem Geschmack auszukommen.

Verdauungslektion Nr. 10: Wenig Salz und viele Kräuter

Salz ist ein wichtiger Bestandteil unserer täglichen Nahrung. Wir brauchen Salz für das Funktionieren unseres Wasserhaushaltes. Ein erwachsener Mensch braucht täglich etwa 5 Gramm Salz. Doch die meisten von uns übertreiben und konsumieren etwa 15 bis 18 Gramm täglich. Das ist entschieden zuviel. Das kann den Wasserhaushalt stören, kann bei einer Reihe von Menschen vorhandenen Bluthochdruck verstärken. Verfeinern Sie viele Speisen mit wenig Salz, dafür aber zusätzlich mit einer Fülle von frischen Kräutern und Gewürzen. Sie verstärken den Eigengeschmack vieler Speisen und haben zusätzlich noch gesundheitsfördernde Wirkung, weil sie viele Verdauungsvorgänge beschleunigen und verbessern.

Wenig Salz – mehr Gewürze und Kräuter

Zu den salzreichen Lebensmitteln, die man sparsam genießen sollte, gehören: fast alle Käsesorten, ganz besonders die Edelpilzkäse, Gemüse aus der Konserve, Fertiggerichte, Wurst, Pökelfleisch, Geräuchertes, gesalzene und geräucherte Fischsorten, Ketchup, Suppenextrakt, Fertigsoßen, Senf.

Vollkornbrot – ein Geschenk für die Verdauung

Das Brot ist seit frühester Geschichte eines der wichtigsten Grundnahrungsmittel des Menschen. In Deutschland, in Österreich und in der Schweiz werden derzeit rund 200 Brotsorten angeboten. Dabei ist der Anteil des weißen Brotes und des Kleingebäcks aus weißem Industriemehl weitaus größer als jener des Vollkornbrotes. Wenn man allerdings auf weite Sicht etwas für eine gesunde Verdauung tun will, dann sollte man vorrangig zum Vollkornbrot greifen.

Vollkornbrot muß nicht grob und dunkel sein

In diesem Zusammenhang muß einmal grundsätzlich definiert werden, was man genau unter einem Vollkornbrot versteht. In weiten Bevölkerungskreisen herrscht da nämlich oft ein großer Irrtum. Viele Leute glauben, Vollkornbrot muß ein sehr dunkles Brot sein, in dem ganze Getreidekörner verbacken wurden. Das stimmt aber ganz und gar nicht.

Vollkornbrot ist immer ein Brot, das aus Vollkornmehl oder Vollkornschrot oder aber aus beidem hergestellt wurde. Wesentlich am Vollkornbrot ist, daß der Keim und all die wertvollen Randschichten enthalten sind, die im Brot aus weißem Industriemehl nicht mehr vorkommen. Vollkornbrot kann daher auch aus ganz fein gemahlenem Mehl gebacken sein. Und Weizenvollkornbrot hat eine helle Farbe.

Von diesem wertvollen Brot, das uns mit notwendigen Vitalstoffen – mit Vitaminen, Mineralstoffen und Spurenelementen – versorgt und das dem gesunden Darm optimale Impulse gibt, wird leider immer noch viel zu wenig gegessen. Dabei hat gerade das Vollkornbrot so viele hervorragende Eigenschaften, die alle anderen Brot- und Gebäcksorten nicht aufweisen:

- Vollkornbrot enthält nicht viele Kalorien. Daher ist es ein Schlankmacher. Was dick macht, ist alles was aufs Brot draufkommt: Butter, Aufstrich, Wurst, Käse.
- Vollkornbrot enthält keine belastenden Fett- und Zuckerzusätze, wie sie beispielsweise das Weißbrot und das weiße Toastbrot aufweisen.

- Auch der Wassergehalt des Vollkornbrotes ist bedeutend höher, weil es aus so vielen wasseraufsaugenden Quellstoffen besteht.
- Das Innere des Vollkornbrotes ist fester als beim Normalbrot. Die Rinde ist dicker und härter. Das ist für die Kautätigkeit des Menschen ebenso wichtig wie für das Schlankbleiben und Schlankwerden. Wer Vollkornbrot kaut, produziert dafür sechsmal soviel Speichel wie etwa bei Weißbrot. Mehr Kauen und mehr Speichel aber bedeuten: mehr Energieverbrauch. Und Energieverbrauch heißt Abbau von Kaloriendepots im Körper. Außerdem kann Vollkornbrot im Mund intensiver vorverdaut werden, was Magen und Darm sehr entlastet.

Wer intensiv kaut, hilft dem Magen und dem Darm

- Wer Vollkornbrot ißt, wird für längere Zeit schneller satt. Erstens füllt dieses Brot mit seinen reichlichen Ballaststoffen den Magen und Darm viel besser und schneller, und zweitens sinkt der Blutzuckerspiegel, der ja das Hungergefühl auslöst, nach dem Verzehr von Vollkornbrot viel langsamer als beim Konsum von Weißbrot.
- Vollkornbrot entgiftet auf ideale Weise unseren Organismus. Die Ballaststoffe quellen im Magen-Darm-Kanal auf und füllen ihn vollkommen aus. Sie leiten damit einen ganz wichtigen Verdauungsvorgang ein, der wiederum zu einem erhöhten Energieverbrauch führt. Die Ballaststoffe des Brotes regen die Darmtätigkeit an und beschleunigen sie.

Die Ballaststoffe des Brotes regen die Darmtätigkeit an

- Ernährungspsychologen haben beobachtet: Man legt und streicht auf ein Vollkornbrot weit weniger darauf als auf die weiche Masse des Normalbrotes. Die Erklärung: Das Vollkornbrot ist kerniger und hat einen volleren und ausgeprägteren Geschmack.

Mineralsalze helfen, den Organismus zu entwässern

- Ein gesunder Organismus muß regelmäßig entwässert werden. Dabei helfen in idealer Weise die Mineralsalze Kalium und Magnesium. Sie sind im Vollkornbrot besonders stark vertreten. Wir finden darin viermal soviel Kalium und sechsmal soviel Magnesium wie im Brot aus weißem Industriemehl.
- Vollkornbrot regelt den Verdauungsablauf in einem gesunden Darm. Vollkornbrot ist daher ein wichtiger Bestandteil der allgemeinen Gesundheitsvorsorge. Wer täglich am Morgen ein oder zwei Schnitten davon verzehrt, kann viele Störungen des Darmkanals verhindern.

Die meisten von uns haben jahre- und jahrzehntelang Normal- und Weißbrot von ihrem Bäcker verzehrt und vielleicht nur hin und wieder zum Vollkornbrot gegriffen. Viele haben es auch wieder aufgegeben, mit der Begründung: »Das ist nichts für mich. Ich bekomme Magendrücken!«

Das ist durchaus möglich. Jeder Organismus muß sich erst langsam an das tägliche Vollkornbrot gewöhnen. Man braucht für die totale Umstellung etwas Geduld. Das ist kein Wunder. Bisher stellte das Brot keine besonderen Ansprüche an den Verdauungstrakt. Jetzt müssen Zähne, Magen und Darm plötzlich mehr arbeiten. Da treten mitunter anfangs Blähungen auf. Man sollte daher mit kleinen Mengen anfangen und intensiv kauen. Wenn der Körper einmal das Vollkornbrot akzeptiert hat, so ändert sich nachweislich der gesamte Stoffwechsel zum Positiven. Essen Sie als Übergang Brot aus Weizenvollkornmehl oder aus Feinstschrot. Später erst greifen Sie zum klassischen Vollkornbrot aus Roggen- und Weizenmehl.

Ein guter Einstieg: Vollkornbrot aus Weizen

Achten Sie beim Kauf von Vollkornbrot darauf – vor allem, wenn es verpackt ist –, daß das Korn aus bio-

logischem Anbau kommt und daß es keine Fremdstoffe zur längeren Haltbarkeit enthält. Das muß auf den Packungen vermerkt sein.
Egal, ob Sie nun Ihr Vollkornbrot aus dem Bäckerladen beziehen oder vielleicht versuchen, einmal selbst eines zu Hause zu backen: Seien Sie sich bewußt, daß das tägliche Vollkornbrot der ideale erste Schritt in eine vernünftigere, gesunde Ernährung und damit für eine gesunde Verdauung ist.

Das Müsli: Kraftnahrung für den Stoffwechsel

Wer sich fest vorgenommen hat, seine Ernährungsgewohnheiten zu überdenken und dabei gesündere Wege zu gehen, und wer vielleicht schon den ersten Schritt zum Vollkornbrot getan hat, der wird nach einer weiteren Alternative suchen. Dafür bietet sich ideal – das Müsli an. Es ist problemlos anzuschaffen, zuzubereiten und zu verzehren. Und es ist als Frühstück ein idealer, gesunder Tagesanfang. Wer ganz normale und nicht unbedingt gesunde Nahrung zu sich nimmt und täglich sein Müsli konsumiert, kann dennoch behaupten, daß er schon sehr viel für seine Verdauung tut.

Der ideale Tagesanfang ist das Müsli

Selbstverständlich kann man Müsli den ganzen Tag über auf den Speiseplan setzen. Zumeist aber wird es als Frühstück propagiert. Das hat seinen besonderen Grund: Es hängt mit der natürlichen Leistungskurve des Menschen zusammen. Die meisten von uns erzielen ihre größte geistige und körperliche Leistung am frühen Vormittag. Am späten Vormittag beginnt diese Leistungsbereitschaft bereits wieder abzusinken. Am Nachmittag geht sie spürbar nach unten. Am frühen Abend steigt sie noch einmal an, um dann auf einen Tiefpunkt zu sinken. Das trifft mit wenigen Ausnahmen auf die meisten von uns zu.

Damit diese natürliche Leistungsbereitschaft auch tatsächlich genutzt werden kann, ist eine ausreichende Energieversorgung die Voraussetzung. Wenn wir beispielsweise das Frühstück ganz weglassen oder zu wenig wertvolle Nahrung zu uns nehmen, sind wir nicht in der Lage, die Höchstwerte unserer Leistungskurve zu erreichen. Wir werden geistig und körperlich schneller müde.

Wer nicht frühstückt, wird schnell müde

Wenn wir aber besonders vitalstoffreich frühstücken, können wir unsere Leistungsspitze am Vormittag sogar noch verlängern und das Leistungstief der Mittagszeit abschwächen. Das bedeutet: Mit dem Müsli verbessern wir unsere gesamte Tagesform.

Warum nennt man nun das Müsli die klassische Vollwertnahrung? Ganz einfach: Es ist eine Vitalbombe, die uns mit allem versorgt, was wir zum Funktionieren unseres Stoffwechsels brauchen. Mit dem Müsli bekommen wir zahlreiche Vitamine geliefert: E, B_1, B_2, B_6 und Niacin; ferner die Mineralstoffe und Spurenelemente Eisen, Kupfer, Mangan, Magnesium und Kalium. Darüber hinaus lebenswichtige Ballaststoffe, die der Körper für einen reibungslosen Ablauf der Verdauung benötigt. Die Ballaststoffe im Müsli liefern reichlich Stärke, die optimale Kraftnahrung für unsere positiven Darmbakterien.

Kraftnahrung für die positiven Darmbakterien

Die im Müsli enthaltene Kombination von Vollkorngetreide, Trockenobst, Frischobst, Nüssen und Milch versorgt unseren Organismus mit lebenswichtigen Baustoffen. In der Jugend wie im Alter kann regelmäßiges Müsli-Essen das Allgemeinbefinden ver-

bessern und sogar rheumatische Beschwerden mildern. Das ist vor allem dem hohen Gehalt an Vitamin E zuzuschreiben.
Und das sind die notwendigen Hauptbestandteile des Müslis:

- Das ideale Müsli enthält fünf verschiedene Vollkornarten: Weizen, Gerste, Hafer, Hirse und Roggen. Das natürliche, keimfähige Korn muß aus biologischem Anbau stammen, da es im Rohzustand verzehrt wird.
- Am besten ist, man besorgt sich aus dem Reformhaus oder aus der Reformabteilung eines Lebensmittelgeschäftes Kornflocken. Sie müssen allerdings nach dem sogenannten Kollathverfahren bearbeitet sein. Das heißt, beim Auswalzen muß darauf geachtet werden, daß die Keime nicht zerstört werden.
- Das Müsli wird durch Trockenfrüchte wie Datteln, Feigen, Rosinen und Pflaumen aufgewertet.
- Auch Nüsse oder Haselnüsse – ganz oder gehackt – gehören ins Müsli. Sie gelten als Gehirnnahrung und stärken die Konzentration.
- Etwas Weizenkeimöl – ein Teelöffel pro Portion – unterstützt die Arbeit der Herzkranzgefäße, denn es liefert interessante Mengen an Vitamin E.

Weizenkeimöl liefert wertvolles Vitamin E

- Wer Phantasie hat, wird seinem Müsli jeweils frische Früchte – der Jahreszeit entsprechend – beimischen.
- Ein gesundes Vollwertmüsli darf nicht mit weißem Industriezucker gesüßt werden. Zum Müsli gehört echter inländischer Bienenhonig.
- Und nun zur Flüssigkeit, mit der das Müsli abgemischt wird: Die meisten gießen erwärmte Milch dazu, andere wieder ziehen kalte Milch vor. Viele rühren es mit Joghurt, Bifidus-Milch oder Bio-

Joghurt, mit Kefir-Milch oder Molke an. Manchen schmeckt es mit frischen Obstsäften oder gar mit Kräutertee oder Mineralwasser besser.

Hier ein paar wertvolle Verdauungstips für Müsli-Anfänger:

Nehmen Sie sich Zeit für Ihr Müsli

- Essen Sie das Müsli niemals hastig, schon gar nicht im Stehen. Kauen Sie es gut. Nehmen Sie sich Zeit dafür.
- Essen Sie 2 Stunden lang danach nichts Schweres, vor allem kein Fleisch. Auch Süßigkeiten in großen Mengen unmittelbar nach dem Müsli sind nicht anzuraten.
- Mischen Sie sich nicht Riesenmengen auf einem Teller ab. Sie bekommen sonst Magenbeschwerden. Es genügen für eine Mahlzeit drei, vier Eßlöffel Müsli.
- Wenn Sie sich das Getreide fürs Müsli selbst zu Hause schroten oder mahlen, dann weichen Sie das Mahlgut vorher über Nacht oder zumindest eine Stunde vorher in etwas Wasser ein. Es ist dann besser verdaulich.
- Wenn Sie sich Fertigmüslis in der Packung kaufen, so veredeln Sie es mit Frischobst und Trockenfrüchten.

Machen Sie den Wohlfühltest!

Nehmen Sie einmal an sich einen Wohlfühltest vor: Essen Sie eine Woche lang ein normales Frühstück mit Kaffee, Semmel, Marmelade usw. und eine Woche Müsli. Und beobachten Sie genau, wonach Sie sich aktiver fühlen, mehr Vitalität und bessere Laune haben. Sie werden sehen: Das Müsli wird siegen.

Und noch etwas werden Sie beobachten: Viele Verdauungsprobleme, über die andere dauernd klagen, treten bei einem regelmäßigen Müslikonsum erst gar nicht auf.

Das volle Korn – der beste Installateur

Immer wieder werden Anhänger der Vollkornkost von Interessierten, die sich gesünder ernähren und etwas für ihre Verdauung tun wollen, gefragt: »Warum ist das volle Korn gesünder für den Organismus? Was kann es Besonderes?«

Die übliche Antwort lautet dann: »Weil es so viele Mineralstoffe, Vitamine und Spurenelemente liefert!«

Vollkorn liefert sein »Verdauungs-Werkzeug« mit

Die bessere Antwort wäre: Weil das volle Korn nicht nur die für unsere Gesundheit und optimale Verdauung notwendigen Vitamine, Mineralstoffe, Spurenelemente und Ballaststoffe liefert, sondern, weil es zusätzlich auch alle Substanzen mitliefert, die es zur Verdauung benötigt.

Man kann das an Hand eines schönen Beispiels anschaulich erklären: Nehmen wir an, Tante Margarethe lebt allein und hat einen Wasserrohrbruch. Sie ist verzweifelt. Jetzt gibt es für sie 2 Möglichkeiten: Sie ruft ihren Cousin Hannes an, damit er ihr hilft. Oder sie verständigt einen Installateur.

Version Nr. 1: Tante Margarethe ruft ihren Cousin an. Er ist Angestellter und handwerklich recht geschickt. Er kommt nach einiger Zeit und hat kein Werkzeug dabei. Also fragt er die Tante, ob sie Zange, Hammer, Franzosen und vieles andere da hat. Recht und schlecht kriegen die beiden die nötigen Werkzeuge zusammen. Cousin Hannes holt auch noch einiges aus dem nahe gelegenen Baumarkt. Das alles kostet Geld. Dann werkt der Hobby-Installateur an der lecken Leitung herum. Es rinnt kein Wasser mehr. Und Cousin Hannes hinterläßt viel Schmutz, erwartet aber, daß Tante Margarethe ihm noch seine Lieblingsspeise zubereitet. So ganz glücklich ist die Tante im nachhinein mit dieser Lösung nicht. Wenn sie Pech hat, ist die Leitung nach ein paar Tagen wieder kaputt.

Sehen Sie: So erlebt es Ihr Verdauungstrakt, wenn Sie Weißmehl konsumieren. Im weißen Industriemehl befinden sich nur geringe Mengen an lebenswichtigen Vitalstoffen. Das weiße Mehl hat den Nachteil, daß es nicht nur viel zu wenig Vitamine, Mineralstoffe und Spurenelemente für den Organismus mitbringt. Er hat auch zu wenig von alledem dabei für das Verdauen. Auch dafür wird ein gewisses Quantum als »Sprit« benötigt. Da für das Verarbeiten des weißen Mehls aber gewisse Mengen an Vitalstoffen benötigt werden, wird das für den Verdauungsvorgang aus dem Organismus genommen. Der Körper greift somit auf seine wertvollen Reserven zurück. Dadurch kommt es im Laufe der Jahre zu Mangelerscheinungen.

Weißes Mehl raubt dem Körper Vitalstoffe

Und nun Version Nr. 2: Tante Margarethe ist eine kluge Frau. Sie sucht sich aus dem Telefonbuch die Nummer des besten Installateurs der Stadt. Das ist Herr Huber. Er kommt nicht nur mit seinem Lehrling. Er bringt auch eine große Werkzeugkiste mit, in der alles drin ist, was für die Reparatur des Wasserrohrbruchs notwendig ist. Herr Huber und sein Lehrling breiten alte Decken und Bauplastik auf. Sie arbeiten perfekt. Und danach machen sie alles wieder sauber. Tante Margarethe hat kaum noch Arbeit und ist glücklich, als die beiden wieder gehen.

Das ist das volle Korn in der Ernährung. Es bringt alles selbst mit, was zur Verdauung und zur Verarbeitung benötigt wird. Und außerdem versorgt es uns in reichem Maße mit Vitalstoffen, so daß unsere Reserven rasch aufgefüllt werden können. Damit wird auch klar, warum Menschen, die regelmäßig Vollkornprodukte essen, weit weniger Probleme mit Magen und Darm haben.

Vollkorn: Arznei für Magen und Darm

Wenn gesunde Ernährung zum Problem wird

Viele von uns, die speziell etwas für eine bessere Verdauung und für ihre Vitalität tun wollen, treffen den Entschluß: »Ich werde mich ab sofort gesünder ernähren!« Die Betreffenden steigen dann auch mit den besten Vorsätzen in die neue Ernährung ein. Doch sie sind maßlos enttäuscht. Sie haben nämlich jede Menge Probleme. Sie leiden unter Blähungen, klagen über ein unangenehmes Völlegefühl, leiden nach dem Essen an Übelkeit. Die Folgen: Sie hören sofort wieder auf damit. Und sie argumentieren: »Das gesunde Essen tut mir nicht gut!«

Die wirkliche Ursache: Die Betroffenen haben beim Einstieg in die gesunde Ernährung einige kleine Fehler gemacht. Diese Fehler, die unweigerlich zu Pannen im Rahmen der Verdauung führen, lassen sich allerdings leicht vermeiden. Man muß die Einstiegsprobleme kennen.

Die vielen Fehler bei der gesunden Ernährung

- Eine der wesentlichen Grundlagen der ausgewogenen, gesunden Ernährung sind Vollkornspeisen. Überfordern Sie nicht überfallartig und brutal Magen und Darm. Wenn Sie jahrelang nur Produkte aus weißem Industriemehl verzehrt haben, müssen Sie den Verdauungstrakt langsam daran gewöhnen. Greifen Sie nicht gleich zu ganzen oder geschroteten Körnern. Verarbeiten Sie – etwa beim Müsli – Vollkornflocken: Hafer-, Gerste-, Weizen-, Roggen- und Hirseflocken. Sie sind leichter zu verdauen und enthalten dennoch alle Wirkstoffe des vollen Korns.
- Bauen Sie nicht gleich von Anfang an schwer verdauliches Korn in den Speiseplan ein, wie etwa Roggen. Beginnen Sie mit Mahlzeiten aus Hirse. Sie

wird vom Verdauungsapparat am besten vertragen. Gedünstete Hirse ist, wie Reis, eine herrliche Beilage. Köstlich sind auch Hirseflocken in der Suppe, Hirsefrikadellen, Hirseauflauf oder der gute alte Hirsebrei, wie wir ihn aus vielen Märchen kennen.

Vollkorn und Zucker: Das verträgt sich nicht

- Wer auf Vollkornprodukte umsteigt, der muß seinen Zuckerkonsum entweder ganz streichen oder auf ein Mindestmaß reduzieren. Vollkorn und Zucker: Das verträgt sich nicht. Es kommt dabei zu enormen Gärungen im Darm, und die wieder führen zu schmerzhaften Blähungen.
- Viele denken, Honig ist gesund. Den kann man bedenkenlos genießen. Falsch. Man muß sparsam damit umgehen. Zuviel schadet ebenfalls dem gesamten Organismus und belastet den Magen. Außerdem kann man auch vom Honig Karies bekommen und sollte daher nach dem Honignaschen gründlich die Zähne reinigen.
- Viele denken, bei der gesunden Ernährung ist Fleisch strikt verboten. Unsinn. Der Mensch ist ein Mischkostesser. Eine ausgewogene Ernährung erfordert allerdings nicht viel Fleisch: also zwei- bis dreimal die Woche. Genießen Sie als Alternative öfter Fisch.

Spät abends regelmäßig Salat – das ist nicht gesund

Es ist nicht gesund, immerzu rohes Gemüse oder Salate zu essen. Nach 19 Uhr reduziert die Leber ihre Arbeit. Das Gemüse bleibt bis in den Morgen im Darm liegen, wird dann erst fertig verdaut. Inzwischen gärt es. Dabei entstehen Alkohole, die die Leber belasten. Und es kommt zu Blähungen und sehr oft zu einem unangenehmen und häßlichen Bauchhochstand.

- Gemüse- und Obstsäfte sind gesund. Man kann davon unbedenkliche Mengen trinken. Das ist absolut falsch. Wer lange Zeit zu große Mengen an konzentrierten Gemüse- und Obstsäften trinkt, der kann – so paradox es klingen mag – hartnäckige Verstopfung bekommen, weil die Ballaststoffe fehlen. Es ist daher gesünder, das Obst und das Gemüse zu kauen und als Ganzes zu essen. Gegen $^{1}/_{4}$ Liter Saft täglich ist allerdings nichts einzuwenden.

Glauben Sie mir: Es lohnt, all diese Fehler zu vermeiden. Die gesunde Ernährung macht nämlich mit der Zeit fit, liefert Vitalstoffe, fördert die Verdauung und verändert den gesamten Stoffwechsel zum Positiven. Und oft kann man auch beobachten: Wer sich mit ausgewogener, vollwertiger Kost ernährt, der erreicht im Laufe der Zeit ganz ohne Diät sein Idealgewicht.

Ausgewogene Kost führt zum Idealgewicht

Magen und Darm bevorzugen »Natur pur«

Viele, die tagsüber berufstätig sind und in der Kantine oder in einem nahen Restaurant ihr Mittagessen einnehmen, stehen auf dem Standpunkt: »Ich habe keine Chance, mich besonders gesund zu ernähren. Ich muß essen, was ich bekomme. Es ist also kein Wunder, wenn ich Verdauungsprobleme habe. Ich kann nichts dagegen tun!«

So darf man das nicht sehen. Auch auswärts werden ja keine gesundheitsschädlichen Nahrungsmittel angeboten. Die Kombination oder die Zubereitung sind oft nicht sehr glücklich gewählt. Da kann man aber selbst eingreifen. Es ist nämlich mitunter nicht allein entscheidend, was ich esse, sondern in welcher Reihenfolge ich es esse.

Die Erkenntnis dazu ist gar nicht mehr so jung. Schweizer Ärzte prägten bereits vor etwa 20 Jahren

Einfache Tricks gegen die Verdauungs-leukozytose

den Begriff der Verdauungsleukozytose. Gemeint ist damit: Wenn jemand unentwegt industriell veränderte oder erhitzte Speisen zu sich nimmt, dann werden diese vom Verdauungstrakt als »Feinde« betrachtet. Es ergeht eine Meldung über den »direkten Draht« zum Gehirn und von dort weiter an das Immunsystem. Und es kommt zu einer – allerdings geringfügigen – Erhöhung der weißen Blutkörperchen, in der Medizin Leukozyten genannt.

Unter einer Leukozytose versteht man immer eine gutartige Leukozytenvermehrung. Bei einer Infektionskrankheit ist das beispielsweise das Zeichen einer vermehrten Abwehrreaktion des Organismus. Ähnlich ist das bei einer einseitigen, denaturierten Ernährung zu sehen.

Laienhaft ausgedrückt bedeutet das: Wenn jemand ein Brötchen mit Wurst, Schokolade, Bonbons oder eine Fleischspeise zu sich nimmt, dann erhöht sich die Zahl der Leukozyten. Der Magen- und Darmtrakt gibt damit zu verstehen, daß er nicht so ganz einverstanden mit dem ist, was er da bekommt. Ernährungswissenschaftler sind nun der Meinung: Wenn jemand jahrzehntelang immer nur naturfremde Nahrung konsumiert, so kann das im Laufe der Zeit zu Irritationen des Stoffwechsels führen.

Wenn man nun einen Apfel, knackig frischen Salat oder ein anderes unverändertes Naturprodukt genießt, dann kommt es nicht zu einer Erhöhung der Leukozytenzahl. Der Organismus wird nicht in Alarmbereitschaft versetzt.

Starten Sie jede Mahlzeit mit Rohkost

Und nun das eigentlich Interessante an diesen Beobachtungen, das für unseren Alltag wichtig ist: Wenn man zuerst ein unverfälschtes Naturprodukt zu sich nimmt und danach ein industriell verändertes Lebens-

mittel ißt, dann werden auch nicht mehr Leukozyten produziert. Das heißt: Der Verdauungstrakt ist zufrieden, weil er zuerst etwas »Gesundes« zugeführt bekommen hat, und nimmt das weniger Gesunde einfach ohne negative Reaktionen mit.
Für jeden von uns ist das ein wertvoller Hinweis zur täglichen Ernährung. Wer seinen Stoffwechsel und seine Verdauung positiv beeinflussen möchte, der sollte immer mit einem unveränderten Naturprodukt die Mahlzeit beginnen. Früchte, eine Rohkostplatte oder Salat eignen sich dazu ideal. Und wenn Sie in einem Restaurant eine Fleischspeise bestellt haben und der Kellner bringt Ihnen zuerst den Salat, dann sollten Sie nicht ungehalten sein, daß Sie auf das Fleisch noch warten müssen. Genießen Sie den Salat vorweg. Sie tun damit etwas für Ihre Gesundheit. Denn Magen und Darm lieben »Natur pur« ganz besonders.

Gemüse der Saison ist wertvoller

Schauen Sie sich doch einmal auf Märkten, in Gemüseläden oder in den Obst- und Gemüseabteilungen der Supermärkte um. Da gibt es Tomaten im Januar, Trauben im Februar, Melonen das ganze Jahr. Wir empfinden das als großen Fortschritt, daß wir jahreszeitlich ungebunden in allen Monaten alle Früchte kaufen und essen können. Viele Ernährungsexperten aber mahnen in jüngster Zeit: Was auf den ersten Blick so verlockend wirkt, kann auch Nachteile für die Gesundheit haben.

Wir können das ganze Jahr über alle Früchte kaufen

Das deutsche Bundesinstitut für gesundheitlichen Verbraucherschutz – eine der bedeutendsten Institutionen für Ernährungsfragen – rät den Konsumenten

Der neue Trend: Saisongerechte Ernährung

zu einer saisongerechten Ernährung. Experten des Bundesinstitutes haben nachgewiesen, daß die Schadstoffbelastung von Obst und Gemüse stark schwankt, vor allem was die Nitrate betrifft. Etliche Produkte, die außerhalb der traditionellen Erntezeit in Gewächshäusern angebaut wurden, waren deutlich stärker mit Nitraten belastet. Zwar wurden die festgestellten Nitratmengen nicht als gesundheitlich bedenklich eingestuft. Doch sollten wir alle heutzutage möglichst jegliche Belastung vermeiden, da wir ja mit so vielen Lebensmitteln – wie etwas Pökelfleisch – und mit Wasser Nitrate aufnehmen. Und es ist längst bekannt: Nitrate werden im menschlichen Körper zu Nitrosaminen umgewandelt. Und diese wirken krebserregend.

Warum ist nun das Obst und Gemüse der Saison weniger belastet und daher der Verdauung förderlicher?

Gewächshausgemüse belastet die Gesundheit

Ganz einfach: Im Gewächshaus nehmen die Pflanzen und die Früchte mehr Nitrate aus dem Boden auf, weil andere Düngeverhältnisse als auf dem freien Feld herrschen. Doch es kommt noch etwas hinzu: Wenn in der schönen Jahreszeit draußen eine starke Sonneneinstrahlung herrscht, dann kann die Pflanze die aufgenommenen Nitrate in Eiweiß umwandeln. Das ist in der kalten Jahreszeit im Gewächshaus nicht möglich.

Am Institut für Sozialmedizin an der Universität Wien hat man errechnet: Außerdem enthalten Obst- und Gemüsesorten, die außerhalb der biologisch zugedachten Saison angebaut und geerntet werden, weit weniger Vitamine, Mineralstoffe und Spurenelemente. Viel gesünder und sinnvoller ist es da, in der kalten Jahreszeit den Gemüsebedarf mit Gemüsesorten aus dem Sommer aus der Tiefkühltruhe zu decken.

Hier ein kleiner Überblick über heimisches Gemüse und seine Saison, in der es für den Konsumenten am gesündesten ist: Möhren kommen aus Freilandanbau von Juni bis Oktober, Kohl von Mai bis Oktober, Kopfsalat ebenfalls von Mai bis Oktober, Weißkohl von Juni bis Oktober, Paprikaschoten von Mai bis September, Gurken von Juni bis September, Tomaten von Juli bis September, Zwiebeln von Juni bis September. Kartoffel liefern, wenn sie gut gelagert sind, den ganzen Winter reichlich Vitamin C und den Mineralstoff Kalium, Weißkohl ist erst so richtig gesundheitsfördernd, wenn er einen Frost auf dem Feld erlebt hat. Sellerie behält ebenfalls bei guter Lagerung bis weit ins nächste Jahr hinein seine Qualität.

Kartoffeln liefern den ganzen Winter Vitamin C

Es ist also wirklich im Interesse der Gesundheit zu überlegen, ob man nun wirklich unbedingt im Winter Erdbeeren und Trauben essen muß. Denn auch die Früchte, die in dieser Zeit aus sonnigen Regionen angeliefert werden, enthalten auf Grund der langen Transport- und Lagerzeiten oft nicht sehr viele Vitalstoffe. Ausgenommen davon sind Orangen, Mandarinen, Grapefruits und Bananen.

Ballaststoffe sind gar kein Ballast

In der zivilisierten Welt haben sich in den letzten Jahrzehnten die Ernährungsgewohnheiten stark verändert. Zum Teil hat das die Nahrungsmittelindustrie beeinflußt. Unser Essen ist lange nicht mehr – wie früher – einfach und grob. Die Lebensmittel werden immer mehr verfeinert. Dadurch geht der Nahrung aber vielfach der gesundheits- und verdauungsfördernde Wert verloren.

Rohfasern sind wichtig für den Darm

Besonders verhängnisvoll für die Arbeit des gesunden Darms kann bei vielen Menschen der Mangel an pflanzlichen Rohfasern werden. Diese Rohfasern galten lange Zeit in der Ernährungswissenschaft als überflüssiger Ballast der Nahrung. Daher die Bezeichnung Ballaststoffe. Heute weiß man, daß diese Ballaststoffe alles andere als unnötiger Ballast für den Organismus sind.

Zu den Ballaststoffen – auch Rohfasern oder Zellulose genannt – gehören all jene Bestandteile der Nahrung, die durch unsere Verdauungsenzyme im Magen und Darm nicht aufgeschlossen werden können. Sie gehen daher unverdaut durch den Verdauungskanal, liefern dem Organismus keine Vitamine, keine Mineralstoffe, keine Spurenelemente, keine Kalorien, keine lebenswichtigen Bausteine, die der Körper weiterverwerten kann.

Es gibt 3 verschiedene Arten von Ballaststoffen: Lignin, ein holzartiger Stoff, der den Pflanzen eine feste Struktur verleiht. Weiter Pentosen – wie etwa Pektin – und schließlich Zellulose, die wichtigste Stützsubstanz der Pflanzen.

Die unverdaulichen Ballaststoffe wirken im Darm wie ein Schwamm. Sie saugen viel Wasser auf und quellen dadurch auf. Damit füllen Sie den Darm optimal. Der Druck, der durch die Masse auf die Darmwand weitergegeben wird, ist wichtig für die natürlichen Darmbewegungen. Außerdem – und das weiß man noch nicht lange – sind die Ballaststoffe für eine Reihe von positiven Darmbakterien ein lebenswichtiger Nährboden. Sie bilden ein ideales Milieu.

Unsere Darmflora braucht Ballaststoffe

Die Ballaststoffe saugen nicht nur Wasser auf. Sie binden auch Umweltschadstoffe, Gifte und andere schädliche Substanzen, die mit der Nahrung in den

Darm gelangen. Diese negativen Substanzen werden sozusagen in die Quellstoffmasse eingebunden und ausgeschieden. So können sie nicht durch die Darmwand ins Blut gelangen, können die Leber und all die anderen betroffenen Organe nicht belasten.
Außerdem werden all diese Fremdstoffe in der Ballaststoffmasse, die soviel Wasser enthält, verdünnt und allein dadurch schon enorm entschärft. Das bedeutet: Die Ballaststoffe schützen die Darmschleimhaut.
Zusätzlich verhindern die Ballaststoffe die Aufnahme von zuviel Fett. Und sie machen schneller satt, was dem Körpergewicht sehr zuträglich ist. Sie regulieren die Blutfett- und die Blutzuckerwerte. Sie beeinflussen Herz und Kreislauf positiv und können das Risiko für Darmkrebs senken. Sie können Gallensteinen und Fettleber vorbeugen.
Zu den interessantesten und wichtigsten Ballaststoffquellen zählen alle Vollkornprodukte, Haferflocken und Naturreis, rohes und schonend gedünstetes Gemüse, vor allem Bohnen, Erbsen, Linsen, Kohl, Sauerkraut, Kartoffeln, Karotten, Sellerie, Blattsalate und alle Obstsorten. Ein überzeugendes Beispiel: In 100 Gramm Weißmehl kann man 4 Milligramm Ballaststoffe messen. In 100 Gramm Vollkornmehl hingegen 180 Milligramm. Das ist ein beachtlicher Unterschied.

Leinsamen: Nur sinnvoll mit viel Flüssigkeit

Ein absolutes Spitzenprodukt unter den Ballaststoffen ist der Leinsamen. Er enthält hochwertiges Eiweiß, gesundheitsfördernde Fettsäuren wie etwa die Linol- und die Linolensäure, aber auch Mineralstoffe, Schleimstoffe, Spurenelemente und alle Vitamine der Gruppe B. Besonders wertvoll für den Darm ist der goldgelbe Leinsamen, weil er – durch eine spezielle Züchtung – weniger Schadstoffe aus dem Boden aufnimmt. Durch ein spezielles Feinaufbrechverfahren ist der Leinsamen heute im Darm besonders quellfähig. Wichtig allerdings ist, wie bei allen Ballaststoffen, daß man den Leinsamen mit reichlich Flüssigkeit konsumiert, sonst kann es im Darm zu Komplikationen kommen. Das bedeutet in der Praxis: Wenn Sie zum Frühstück Leinsamen in Joghurt oder im Müsli essen, dann sollten Sie $^{1}/_{2}$ Liter Kräutertee oder Mineralwasser trinken.

Hier ein Frühstück, das dem gesamten Verdauungstrakt gut tut: 1 Eßlöffel Haferflocken, 1 Eßlöffel Weizenflocken, 2 Eßlöffel Leinsamen, 3 Eßlöffel gehackte Trockenfrüchte, 1 kleingeschnittener Apfel, 1 geschnittene Kiwi, $^{1}/_{2}$ Banane in Rädern, ein Becher Joghurt. Dazu 1 Glas frisch gepreßter Orangensaft und 2 Tassen Hagebuttentee mit wenig Honig.

Kein »Zaubermittel« gegen Darmträgheit

Über eines sind sich Ernährungsfachleute und Fachärzte aus dem Gebiet der Gastroenterologie einig: Für den gesunden Menschen und seinen gesunden Darm ist zur Vorsorge die Aufnahme von Ballaststoffen in der täglichen Ernährung sehr wichtig. Das aber heißt nach neuesten wissenschaftlichen Erkenntnissen noch lange nicht, daß man mit Ballaststoffen jede Form der Darmträgheit und Verstopfung aus der Welt schaffen kann. Wer das glaubt, der irrt gewaltig. Ich werde an anderer Stelle in diesem Buch darauf noch genau eingehen.

Gewürze – Arzneien für Magen und Darm

Wenn es um das Würzen unserer täglichen Speisen geht, da kennen die meisten von uns oft nur das Salz und den Pfeffer. Beides ist sinnvoll. Pfeffer regt die Magenschleimhaut an, Salz steuert den Wasserhaushalt des Organismus. Das Problem: Vor allem vom Salz verwenden wir zuviel. 5 bis 6 Gramm am Tag wären richtig. Doch es sind meist 15 Gramm und mehr. Und das ist gesundheitsschädlich. Mitunter konsumieren wir allein mit unserem Frühstücksei die ganze Tagesration an Salz.

Die notwendige Schlußfolgerung daraus: Wir sollten viel mehr Phantasie in die Küche bringen, anstelle von Salz und Pfeffer viele andere Gewürze einsetzen. Und das nicht allein im Interesse des Gaumens. Viele Gewürze können nämlich nicht nur ganz hervorragend den Geschmack einer Speise verbessern. Sie wirken auch gesundheitsfördernd. Vor allem für viele Vorgänge im Bereich von Magen und Darm.

Frische Kresse hilft beim Abspecken

- Frische Kresse in Salaten und auf dem Brot hilft bestens beim Abspecken. Sie enthält das Spurenelement Chrom, und das bremst den Heißhunger und Appetit. Außerdem ist die Kresse ein idealer Lieferant für das Spurenelement Jod. Und das stärkt die Schilddrüse, hilft Struma vorbeugen.
- Wer zunehmen möchte und den Appetit fördern will, der sollte die Speisen mit Rosmarin und mit geriebener Muskatnuß würzen. Muskat schmeckt besonders gut auf gedünstetem Karfiol.
- Wer in die Speisen frische, gehackte Petersilie gibt, der tankt nicht nur reichlich Vitamin C gegen Erkältungen, sondern kann damit auch erhöhte Cholesterinwerte senken.
- Wer zu Blähungen neigt und nervös ist, der sollte reichlich Dillspitzen – frisch oder getrocknet – als Gewürz für Soßen und Salate verwenden. Die hilfreiche Substanz in der Dille ist das Anethol. Gegen Blähungen kann man aber auch sehr wirkungsvoll Anis, Fenchel und Kümmel einsetzen. Ein Beispiel:

Der knusprige Braten wird mit Kümmel viel besser verdaulich und liegt nicht so schwer im Magen.

Kren: Penicillin aus dem Küchengarten

- Meerrettich (Kren) – feingerieben – hat einen hohen Gehalt an Vitamin C und Senföl. Die Kombination wirkt vom Magen und Darm aus hervorragend gegen Husten, Schnupfen und andere Erkältungen. Man spricht daher auch vom »Penicillin aus den Küchengarten«. Kren schmeckt köstlich zu gekochtem Schinken oder zu Frankfurter Würstel.
- Senf enthält das Glykosid Sinigrin und das Alkaloid Sinaphrin sowie andere ätherischen Öle. Sie verbessern die Durchblutung, stärken Galle und Leber. Geheimtip: Brot mit Senf stärkt den Kreislauf.
- Paprikaschoten, Cayennepfefferschoten, aber auch Paprikapulver sollte man zum Würzen von schweren, fetten Speisen einsetzen. Sie alle enthalten den Wirkstoff Capsaicin. Er verstärkt die Herzleistung, verhindert die Bildung von Blutplättchen, deren Verklumpung und beugt so einer Thrombose vor. Das bedeutet: Schutz vor Infarkten.
- Wer viel Fleisch ißt, der muß wissen, daß in seinem Darm viele Gärungsstoffe aktiv werden. Das kann man verhindern oder zumindest reduzieren, wenn man die Speisen mit Majoran oder Bohnenkraut würzt.
- Wer seiner Galle etwas Gutes tun und ihre Verdauungsarbeit unterstützen möchte, der sollte mit Oregano, Pfefferminze oder mit Anis würzen.
- Wer an einem nervösen Magen leidet und zu Gastritis und Magengeschwüren neigt, der sollte oft Nelkengewürz verwenden.

Ingwer und Muskat aktivieren die Verdauung

- Wer einen trägen Magen hat, der kann mit Ingwer, Galgat und Muskat nachhelfen. Dadurch werden wertvolle Verdauungsenzyme aktiviert. Sie regen die natürlichen Darmbewegungen an.

Sie sehen: Gewürze sind viel mehr als raffinierte Geschmackverbesserer von vielen Speisen. Gewürze sind vielfach auch natürliche Arzneien, die allerdings immer nur vorbeugend und unterstützend über den Magen- und Darmbereich wirken und niemals den Arzt ersetzen können.

Heilkräuter – Service für Leber und Galle

Es gibt viele Situationen im Leben, in denen Leber und Galle schwer strapaziert werden: Feiertage, Familienfeste, mitunter ganz normale Wochenenden, an denen über Gebühr gegessen und getrunken wird. Dazu kommt noch die Tatsache, daß diese beiden wichtigen Verdauungsorgane grundsätzlich die ständig zunehmenden Umweltbelastungen durch Schadstoffe und Lebensmittelzusätze verkraften müssen. Die Folge: Leber und Galle sind zeitweise überfordert. Es ist daher sehr wichtig, daß wir unserer Leber und unserer Galle Kraft geben, damit wir gesund bleiben. Das ist relativ einfach, denn die Natur wartet mit hervorragenden Pflanzen auf, die diese Aufgabe übernehmen können. Es handelt sich dabei um 2 Heilkräuter: Das sind die Mariendistel und die Artischocke.

Mariendistel und Artischocke für Leber und Galle

Die Mariendistel war schon für unsere Großmütter und deren Vorfahren ein wertvolles Heilkraut. Die Heimat der Pflanze ist das Mittelmeergebiet und der Orient. In unseren Gegenden ist sie nur selten anzutreffen. Den Namen hat die Mariendistel von einer Legende: Die weißen Streifen auf den stacheligen Blättern der Pflanze sollen von der Milch der Mutter Gottes herrühren, die sie verloren hat, als sie auf der

Flucht vor den Verfolgungen des Herodes den kleinen Jesus stillte.

Vor dem Ersten Weltkrieg und einige Zeit danach hatte die Mariendistel auch in der Küche ihren Stellenwert: Die jungen Blätter wurden als Salat serviert oder als Gemüse zubereitet. Großmutter aber bereitete immer dann einen Tee aus den Blättern, aus den getrockneten Blütenköpfen und aus dem Samen, wenn in der Familie jemand Magenbeschwerden hatte, wenn er an einer Lebensmittelvergiftung litt oder zuviel Alkohol getrunken hatte. Nach einer 3-Wochen-Kur mit Mariendisteltee fühlte man sich einfach wieder wohl.

Der Bitterstoff Silymarin schützt vor Umweltgiften

Inzwischen ist die Wirkung der Mariendistel wissenschaftlich belegt. Die Heilpflanze ist von der Schulmedizin voll anerkannt. Man weiß heute, warum sie wirkt. Das ist in erster Linie auf die Hauptsubstanz Silymarin – ein Glycosid – zurückzuführen. Es handelt sich dabei um einen hochwertigen Bitterstoff mit faszinierenden Eigenschaften: Silymarin dichtet die Leberzellen gegen Umweltschadstoffe ab, fördert die Regeneration von bereits geschädigten Leberzellen. Außerdem wird die Funktion der Leber gestärkt. Die Bildung von Gallensekret wird gefördert. Magenschmerzen werden gelindert. Die Magenschleimhaut wird beruhigt.

Und so wird die Mariendistel heute in der modernen Medizin eingesetzt:

- Der Arzt verordnet eine Teekur. Man trinkt in diesem Fall jeweils morgens auf nüchternen Magen und abends vor dem Zubettgehen 1 Tasse lauwarmen, ungesüßten Tee. Dazu übergießt man einen Teelöffel zerstoßene Mariendistelsamen aus der Apotheke mit 2 Tassen kochendem Wasser und läßt das Ganze dann 10 bis 15 Minuten ziehen.

- Es gibt auch Mariendistelpräparate in der Apotheke: für alle, die nicht die Zeit für das Teezubereiten haben. Auch in der ärztlichen Praxis findet die Mariendistel als anerkanntes Lebertherapeutikum mit hohem Silymaringehalt häufig Anwendung. Aus Großmutters mitunter belächelter »Leberdistel«, wie im Volksmund die Heilpflanze mit einem anderen Namen genannt wurde, ist somit eine wirkungsvolle Naturmedizin geworden.

Die Wirkung der »Leberdistel« ist heute nachgewiesen

Auch die Artischocke hatte bereits im Haushalt unserer Großmütter einen großen Stellenwert. Die fleischigen Blütenböden des Gemüses wurden als leckere Speise serviert. Und wenn einer in der Familie durch zu fettes Essen Gallenprobleme hatte oder wenn ein übermäßiger Alkoholkonsum Magenschmerzen und ein allgemeines Unwohlsein verursachte, dann bereitete Großmutter aus Artischockenblättern einen Tee zu.

Ursprünglich stammt die Artischocke – mit dem lateinischen Namen Cynara scolymus – aus Äthiopien. Sie hat das Aussehen einer Distel, gehört zu den Korbblütlern. Bereits in der Antike aber kannte man die Artischocke im Mittelmeerraum. Man züchtete sie bei den Römern und Griechen als Arzneipflanze und verwendete Blätter und Wurzel als Heilmittel zur besseren Fettverdauung. Galen, der Leibarzt von Kaiser Marc Aurel, lobte die Wirkung der Artischockentinktur. Im Mittelalter wurde sie gegen Nieren- und Leberleiden eingesetzt. 1716 schrieb der heilkundige Benediktinermönch Alexander Nicolas bereits einige Artischockenrezepte nieder.

Im Jahr 1716 gab es die ersten Artischockenrezepte

Im Jahr 1840 wurde dann die heilende Substanz in der Artischocke entdeckt. Der Gelehrte Dr. Guiteau von der Universität Poitiers fand das Cynarin. Aber erst in

Die Entdeckung des Cynarin

den Jahren 1954 bis 1958 konnte dann der bulgarische Wissenschaftler Prof. Dr. T. Maros konkret nachweisen: Die Substanz Cynarin stärkt die Leber, unterstützt deren Entgiftungsarbeit und wirkt beruhigend und schonend auf Magen und Galle.
Die spezielle Wirkung aber: Das Cynarin gibt nicht nur jeder einzelnen Leberzelle Kraft gegen Umweltgifte und Alkohol. Mehr noch: Die Substanz kann bereits angegriffene, geschwächte Leberzellen regenerieren und wieder aktiv machen. Diese Entdeckung hat die Artischocke für die Medizin interessant gemacht.
Und so wird heute – medizinisch anerkannt – Großmutters einstiges Hausmittel gegen Probleme von Leber, Galle und Magen sowie gegen zu hohe Cholesterinwerte eingesetzt: In der Apotheke gibt es hochdosierten Artischockenextrakt als Präparat in Kapselform.

Milchsaures Gemüse stärkt das Immunsystem im Darm

Essen Sie auch gern rohes Sauerkraut? Schmeckt Ihnen das belegte Brot besonders gut, wenn Sie eine saure Gurke oder Mixed Pickles dazu genießen? Schmeckt Ihnen der Käse erst richtig, wenn Sie eingelegte Oliven dazu nehmen? Wenn ja, dann weichen Sie niemals von diesen Gewohnheiten ab. Sie liegen damit nämlich vollkommen richtig. Bei all diesen Köstlichkeiten spielen Milchsäurebakterien eine wichtige Rolle. Sie produzieren – wie der Name schon sagt – große Mengen von Milchsäure. Und diese wieder ist eine wahre Medizin für unseren Darm. Auf einen Nenner gebracht kann man sagen: Die milchsauren

Milchsäure – Medizin für unseren Darm

Gemüseprodukte stärken das Immunsystem in unserem Darm und bewahren uns vor vielen gesundheitlichen Störungen im gesamten Verdauungstrakt.
Nicht nur die Bakterien im Joghurt, sondern auch die Milchsäurebakterien im fermentierten Gemüse sind wertvolle Helfer einer gesunden Darmflora. Sie geben den positiven Darmbakterien Kraft. Man kann also sagen: Auch Sauerkraut, eingelegte Paprika, aber auch Sauerkrautsaft, Rote-Bete-Saft, Selleriesaft besitzen sogenannte probiotische Eigenschaften. Die Milchsäurebakterien, die seit Jahrhunderten zum Haltbarmachen von Gemüse benutzt werden, gelangen in lebendem Zustand in den Dickdarm des Menschen. Die Magensäure kann ihnen nichts anhaben. Und hier im Darm gehen sie sofort ans Werk, regen das Immunsystem des Verdauungstraktes an, fördern die Produktion von Milchsäure und neutralisieren Gär- sowie Fäulnisvorgänge im Darm.
Die Milchsäurebakterien entstehen, wenn man Gemüse klein schneidet, mit Salz versieht und in einem Gefäß abstellt. Die Bakterien geben den Lebensmitteln dann auch das säuerlich-würzige Aroma, das viele Menschen so schätzen. Und sie machen die festen Teile von Gemüse – wie zum Beispiel die harten Blätter des Kohls beim Sauerkraut – weich und leicht verdaulich.

So wird festes Gemüse leicht verdaulich

Wichtig für eine gut funktionierende Verdauung und für ein gesundes Darmmilieu: Milchsaures Gemüse muß man roh essen, darf es nicht erhitzen. Sonst sterben die wertvollen Milchsäurebakterien ab. Die verdauungs- und gesundheitsfördernde Wirkung geht damit verloren. Das klassische milchsaure Gericht: pikant gewürzter, roher Sauerkrautsalat mit Olivenöl, etwas Salz, Kümmel und Pfeffer.

Ein Vorschlag: Bereiten Sie sich selbst zu Hause milchsauer vergorene, pikante kleine Zwiebeln zu. Kochen Sie 1 Liter Wasser mit 1 Eßlöffel Salz und mit 1 1/2 gehäuften Eßlöffeln Milchzucker auf und lassen Sie die Flüssigkeit lauwarm werden. Nehmen Sie 800 Gramm kleine Zwiebeln im Ganzen oder dieselbe Menge von in feine Ringe geschnittenen großen Zwiebeln.

Nun spülen Sie 2 bis 3 praktische Drehverschluß-Einweckgläser mit heißem Wasser aus und trocknen sie ab. Verteilen Sie nun in die Gläser 60 Gramm rohes, frisches Sauerkraut aus dem Faß. Legen Sie die Zwiebelstücke oder die kleinen Zwiebeln dazu und gießen Sie die inzwischen abgekühlte Flüssigkeit aus Wasser, Milchzucker und Salz darüber. Schrauben Sie den Deckel nur locker auf das Glas, denn es muß einige Zeit Luft entweichen können. Lassen Sie nun die Gläser auf einem Teller 5 bis 7 Tage bei Zimmertemperatur stehen. Wenn dann Luftbläschen aufsteigen, liegt bereits die erwünschte Milchsäuregärung vor. Nun werden die Gläser fest verschlossen und im Kühlschrank aufbewahrt. Wer die Arbeit nicht selbst durchführen will, kann fix und fertige Milchsäure-Salate, -Zwiebeln und andere Spezialitäten in Feinkostläden kaufen. Und nicht vergessen: Sie tun es nicht nur für Ihren Gaumen. Sie tun es auch für ein besseres Funktionieren von Magen und Darm.

Milchsaure Zwiebel kann man selbst herstellen

Heilfasten – Sonderurlaub für Magen und Darm

Sie kennen das sicher: Man hat viel gearbeitet und in dieser Zeit wenig auf das Essen geachtet, das man dem Verdauungstrakt zugeführt hat. Man hat viel zu viel, viel zu oft, viel zu spät abends und viel zu üppig gegessen. Das rächt sich. Man ist zwar nicht krank, fühlt sich aber auch nicht gesund. Man hat ein unangenehmes Völlegefühl im Magen, leidet an Atemnot und spürt, daß man etwas tun muß. In diesem Fall kann – speziell nach Feiertagen oder zum Ende der kalten Jahreszeit – ein wenig Heilfasten dazu beitragen, daß Magen und Darm wieder saniert und gekräftigt werden. Man kann damit die natürlichen Abwehrkräfte stärken und vielen Erkrankungen des Verdauungstraktes vorbeugen.

Fasten – »Operation ohne Skalpell«

Fasten, das heißt: Einschränkung der Nahrung. Diese uralte Tradition, die in abgewandelter Form zu verschiedenen Zeiten im Jahr in allen Religionen der Welt verankert ist, hat auch heute in der modernen Zeit ihre Berechtigung. Als einer der führenden Experten auf dem Gebiet des Heilfastens gilt im Rahmen der Europäischen Union Dr. Karl Pflugbeil, Chefarzt des Europäischen Zentrums für Immuntherapie und Immuntraining in Obertal-Baiersbronn. Dr. Karl Pflugbeil hat – gemeinsam mit seinem Vorgänger Dr. Hermann Geesing – in den letzten Jahren über 50 000 Heilfastentherapien durchgeführt und dabei viel wissenschaftliche Erfahrung gesammelt. Er nennt das Heilfasten eine »Operation ohne Skalpell«. Er sieht in so einer Kur einen entscheidenden Schritt in Richtung Gesundheit. Alle Menschen fühlen sich nach dem Heilfasten besser, speziell was den Bereich von Magen und Darm betrifft.

Heilfasten bedeutet nicht hungern

Viele Menschen denken: Heilfasten, das bedeutet hungern, absolut nichts essen. Das ist eine falsche Vorstellung. Der menschliche Körper kann selbstverständlich nicht längere Zeit ohne Nahrung auskommen, auch nicht über wenige Tage. Aber mit einer speziellen, reduzierten Kost wird der Organismus gezwungen, seine Vorräte, Ablagerungen und Fette anzugreifen und abzutragen. Dabei werden Stoffe gelöst, die bereits tief im Gewebe integriert sind.

Spitzenleistungen und kein Hunger

Dr. Karl Pflugbeil hat die Erfahrung gemacht: Heilfastenkuren sind besonders erfolgreich, wenn man sie mit ausgedehnten Wanderungen verbindet. Wer fastet, kann nach dem dritten und vierten Tag erstaunliche Leistungen vollbringen und sollte das auch tun. Die Menschen haben dann keinen Hunger mehr und legen locker bis zu 10 Kilometer und mehr am Tag zurück.

Das klassische Heilfasten ist für den Hausgebrauch nicht geeignet. Es sollte grundsätzlich in einer Kuranstalt oder in einer Spezialklinik für Naturheilverfahren unter ärztlicher Überwachung durchgeführt werden. Man muß vom Streß des Alltags gelöst sein. Man braucht Tapetenwechsel, die Nähe der Natur. Außerdem ist der Kontakt zu Gleichgesinnten wichtig. So eine Heilfastenkur dauert in der Regel 4 Wochen: 3 Wochen Fasten, eine Woche Aufbauzeit. Und so läuft das Heilfasten ab. Der Einstieg beginnt mit einem Obsttag. Man ißt Äpfel, Orangen, Dörrpflaumen und Datteln. Von da ab wird nun sehr wenig gegessen: etwas Magerquark, Kefir oder Joghurt, dazu etwas Honig. Dazu wird sehr viel getrunken: 2 bis 3 Liter Flüssigkeit am Tag. Und zwar Kräutertee, Gemüsebrühe, Obstsaft, Mineralwasser.

Am vierten Tag vergeht das Hungergefühl

Viele werden nun fragen: Wenn man plötzlich so wenig ißt, hat man da keinen Hunger? Durchaus. Allerdings zeigt die Erfahrung: Am vierten Tag vergeht das anfängliche Hungergefühl. Der Organismus beginnt auf seine Energiereserven zurückzugreifen.

Nicht jeder hat allerdings die Zeit und das Geld, sich einer strengen medizinischen Heilfastenkur in einer Klinik, in einem Sanatorium oder in einer Kuranstalt zu widmen. Dennoch muß man auf diesen kleinen »Sonderurlaub« für Magen und Darm nicht verzichten. Es gibt da sozusagen die »kleine« Heilfastenkur, die jeder selbst zu Hause durchführen kann. Es sind harmlose Naturprogramme, die vielen Menschen neuen Schwung geben.

Die kleine Heilfastenkur für zu Hause

Für so eine Heilfastenkur zu Hause muß man allerdings grundsätzlich einige wesentliche Fakten beachten:

- Sie dürfen diese Kur niemals über einen längeren Zeitraum durchführen. Die Heilfastenkur zu Hause sollte höchstens ein Wochenende lang dauern.
- An so einem Wochenende dürfen Sie keine schweren körperlichen Arbeiten verrichten und sollten nicht mit Menschen beisammensein, die gern streiten oder Ihnen Ärger bereiten.
- Da nun an einem einzigen Wochenende nur selten ein effektiver Erfolg erzielt werden kann, sollten Sie sich in einem Monat vornehmen, an jedem Wochenende ein ganz bestimmtes Heilfastenprogramm durchzuführen.
- Wenn Sie nicht vollkommen gesund sind, müssen Sie vor einem Heilfastenwochenende unbedingt mit Ihrem Arzt sprechen, ob Sie so etwas überhaupt machen dürfen.
- Eines muß man wissen: Beim Heilfasten stellt die Darmschleimhaut auf Ausscheiden um. Ein typisches Zeichen, das nicht beunruhigen darf: Die Zunge ist meist dick belegt. Und es kann auch zu Mundgeruch kommen.

Mundgeruch und eine dick belegte Zunge

Wenn Sie nur an einem einzigen Tag Heilfasten zu Hause durchführen wollen, dann können Sie zum Beispiel aus den folgenden 3 Möglichkeiten wählen:

- Versuchen Sie es mit einem Quarktag: Morgens gibt es nur Kräutertee und ganz wenig Joghurt. Mittags

250 Gramm Magerquark mit frischen, gehackten Kräutern. Abends die gleiche Portion – schaumig geschlagen – mit Preiselbeeren oder kleingeschnittenen, frischen Früchten.

- Eine andere Möglichkeit – der Reistag: Morgens etwas Joghurt. Das Mittagessen besteht aus 100 Gramm gedünstetem Naturreis mit einer kleinen Butterflocke. Abends gibt es die gleiche Menge Reis, diesmal mit ganz wenig gesüßtem Apfelmus.

Sehr bewährt: der Kartoffeltag

- Schließlich gibt es noch den Kartoffeltag: Morgens wieder etwas Joghurt. Mittags 3 mittelgroße Pellkartoffeln mit 100 Gramm Kräuterquark. Abends 2 Pellkartoffeln mit ganz wenig Kräutertbutter.

Wichtig für all diese Heilfastentage: Man muß – über den Tag verteilt – jeweils 3 Liter stilles Mineralwasser oder ungesüßten Kräutertee trinken.

Wenn Sie ein ganzes Wochenende lang eine Heilfastenkur durchführen wollen, hier ein Programmvorschlag:

- Beginnen Sie schon am Freitagabend. Trinken Sie 1 Tasse lauwarmen, ungesüßten Kräutertee. Sonst dürfen Sie an diesem Abend nichts mehr zu sich nehmen. Entweder Mariendisteltee oder Heidekrauttee, vielfach auch Erikatee genannt. Man kann sie in der Apotheke kaufen. Die Zubereitung: jeweils 1 gehäufter Teelöffel des Teekrautes wird mit 1 Tasse kochendem Wasser übergossen, 10 Minuten ziehen lassen. Durchseihen, ungesüßt trinken. Der Mariendisteltee wirkt kräftigend auf Magen und Darm sowie auf die Leber. Der Heidekrauttee spült gründlich die Harnwege durch.
- Am Sonnabendmorgen genehmigen Sie sich eine kleine Portion Müsli: 3 Eßlöffel Vollkornhaferflocken oder Fünfkornflocken aus dem Reformhaus werden

mit 1/8 Liter Buttermilch oder Joghurt verrührt. Dazu kommen 1 Eßlöffel Honig, 1 geraffelter Apfel, 10 Rosinen und 1 gehackte Dattel. Über den Tag verteilt trinken Sie 2 bis 3 Liter Kräutertee oder Mineralwasser. Abends gibt es wieder Müsli, allerdings diesmal nur 2 Eßlöffel Kornflocken. Gehen Sie früh zu Bett und schlafen Sie mindestens 8 Stunden.

Früh zu Bett und mindestens 8 Stunden Schlaf

- Der Sonntag verläuft genau wie der Sonnabend. Zweimal Müsli – morgens und abends – und 2 bis 3 Liter Flüssigkeit. An beiden Tagen sollten Sie einen entspannenden Spaziergang in freier Natur in sauerstoffreicher, frischer Luft machen. Ohne jede Anstrengung. Am Sonntagabend nehmen Sie vor dem Zubettgehen ein Wannenbad. Die Temperatur des Wassers sollte 37 bis 38 Grad Celsius sein. Baden Sie darin nicht länger als 20 Minuten. Gießen Sie 3 Liter Melissentee zum Badewasser. Das wirkt beruhigend. 3 Handvoll Melissenblätter werden in einem Topf mit 3 Liter kochendem Wasser aufgegossen, einmal kurz aufkochen, wegstellen und 10 Minuten zugedeckt ziehen lassen. Durchseihen. Dann verwenden. Während des Wannenbades trinken Sie schluckweise 1 bis 2 Tassen ungesüßten Kräutertee. Nach dem Bad müssen Sie im Bett – gut zugedeckt – mindestens 1 Stunde nachschwitzen.

Für alle Heilfastenkuren zu Hause gelten folgende Verbote: kein Alkohol, kein Nikotin, wenn unbedingt notwendig Bohnenkaffee nur 1 Tasse am Tag, ungesüßt. Keine Süßigkeiten.

Die ärztliche Erfahrung hat gezeigt: Heilfastenkuren wirken sich positiv auf zu hohe Cholesterin- und Blutdruckwerte aus, auf Hautprobleme, Kreislaufstörungen, vor allem aber auf Verdauungsstörungen und auf Störungen des vegetativen Nervensystems.

Heilfasten für Kreislauf, Verdauung und Haut

4 Scheinbar kleine Verdauungsprobleme, die nicht unterschätzt werden dürfen

Viele Menschen glauben: Verdauungsprobleme sind ausschließlich gesundheitliche Störungen, die sich im Magen und im Darm abspielen. Das ist falsch. Hätten Sie gedacht, daß ein trockener Mund, ein entzündeter Mund, Mundgeruch, Karies, Sodbrennen, Zahnfleischentzündung und Übelkeit auch dazugehören? Gegen all diese Beschwerden kann man daher mit einem gezielten Verdauungs-Training erfolgreich vorgehen. Und für dieses Training steht uns eine Reihe von Naturrezepten zur Verfügung.

Auch leichte Verdauungsstörungen darf man nicht unterschätzen

Ganz ehrlich: Wenn Sie einige Zeit unter einem trockenen Mund leiden, wenn die Mundschleimhaut entzündet ist oder wenn Sie von Sodbrennen gequält werden, dann finden Sie das sehr oft harmlos. Aus diesem Grund tun Sie auch nicht gleich etwas dagegen. Erst, wenn die Beschwerden stärker und hartnäckiger werden. Das ist nicht richtig. Es gibt so viele scheinbar »leichte« Verdauungsstörungen, die man nicht unterschätzen darf. Entweder sie sind das Symptom für ein anderes Leiden, oder aber sie können sehr langwierige und unangenehme Folgeerkrankungen nach sich ziehen, wenn man sie nicht gründlich und nicht rechtzeitig behandelt. Daher sollten wir jeder noch so geringen Befindlichkeitsstörung, die im Verdauungssystem vom Mund bis zum Darm auftritt, größte Aufmerksamkeit schenken, sollten sie beobachten und mit dem Arzt darüber sprechen. In vielen Fällen kann man die meisten dieser Störungen mit natürlichen Mitteln erfolgreich lindern oder wieder vollkommen ausheilen. Ich möchte Ihnen einen kleinen Überblick über typische Beschwerden im Magen- und Darmbereich geben, die sehr häufig ignoriert oder bagatellisiert werden. Wir sollten nämlich im Interesse unserer Gesundheit viel mehr darüber wissen.

Naturrezepte für Magen und Darm

Möhren und Gewürznelken gegen den trockenen Mund

Ein unangenehmes und quälendes Leiden nimmt bei jung und alt auffallend zu: der trockene Mund. Die typischen Symptome: Man hat viel zu wenig Speichel im Mund. Die Mundschleimhäute und der Gaumen trocknen aus. Es entstehen nach und nach deutliche Schleimhautveränderungen im Bereich von Mund, Rachen und Speiseröhre. Dadurch kommt es auch schneller zu Infekten. Die Zähne sind mehr als sonst kariesgefährdet. Die Betroffenen haben Beschwerden beim Kauen, Schlucken und Sprechen. Es gibt Probleme beim Tragen einer Zahnprothese. Und man kann viele Speisen nicht mehr richtig schmecken.
Verzweifelt fragen immer wieder jene, die unter einem trockenen Mund leiden: Woher kommt das Problem? Die Medizin hat bisher folgende Erfahrungen gemacht:

Wenn im Mund zuwenig Speichel produziert wird

- Es kann sich um Störungen in den Speicheldrüsen handeln. Das bedeutet: Es wird zu wenig Speichel produziert.
- In vielen Fällen hat der Organismus einfach zu wenig Flüssigkeit. Daher kann auch übermäßiges Schwitzen schuld an der Mundtrockenheit sein.
- Aber auch eine Reihe von Medikamenten führen dazu: Tabletten zur Entwässerung, gegen Allergien, zur Behandlung von Depressionen, gegen Magenprobleme und gegen Herzbeschwerden.
- Auch ein schlecht oder falsch eingestellter Blutzuckerspiegel beim Diabetiker kann die Ursache sein.
- Ein Mangel an Vitaminen, Mineralstoffen und Spurenelementen leitet ebenfalls oft den trockenen Mund ein.
- In seltenen Fällen kommt es im Zuge einer Darm- und Lebererkrankung zu einer Speicheldrüsenentzündung, die dann wieder zu einer mangelnden Speichelbildung führen kann.

Jeder, der an einem trockenen Mund leidet, möchte verständlicherweise sein Problem so schnell wie möglich wieder loswerden. Das ist zu tun:

Medikamente können den Mund austrocknen

- Zuerst muß immer der Arzt aufgesucht werden. Nur er kann die tatsächliche Ursache finden. Handelt es sich um eine Speicheldrüsenentzündung, dann müssen sofort Medikamente eingesetzt werden. Ist der Blutzuckerspiegel des Diabetikers nicht in Ordnung, so muß sofort neu eingestellt werden. Hat ein bestimmtes Medikament die Mundtrockenheit ausgelöst, so muß ein anderes Präparat gegen das vorhandene Leiden gefunden werden.

Es gibt aber, wenn es sich einzig und allein um eine mangelnde Speichelproduktion handelt, eine Reihe von Maßnahmen, die jeder von uns selbst durchführen kann:

- Trinken Sie über einen langen Zeitraum täglich 2 bis 3 Liter Mineralwasser oder ungesüßten Kräutertee. Und das, auch wenn Sie keinen Durst haben. Sie müssen sich unter Umständen zum Trinken zwingen.
- Sorgen Sie gerade in der kalten Jahreszeit in beheizten Räumen für entsprechende Luftfeuchtigkeit. Ideal: 50 Prozent. Abzulesen vom Hygrometer. Hängen Sie feuchte Tücher auf, stellen Sie Schalen mit Wasser auf.
- Kauen Sie regelmäßig rohe Möhren, rohe Sellerie-wurzel, Aniskörner oder Gewürznelken. Das alles regt den Speichelfluß an und bekämpft die Mundtrockenheit.

Gewürznelken regen den Speichelfluß an

- Auch der Einsatz von zuckerfreiem Kaugummi ist ein gutes Mittel, die Speicheldrüsen anzuregen.
- Ernähren Sie sich grundsätzlich zuckerfrei. Also keine Bonbons und Torten.
- Nehmen Sie tagsüber immer wieder einen Schluck Buttermilch und lassen Sie die Milch längere Zeit im Mund, ehe Sie sie schlucken.
- Sehr oft ist die Mundtrockenheit binnen kurzer Zeit verschwunden, wenn man dem Organismus im Rahmen einer Kur das Spurenelement Zink zuführt. Das heißt: reichlich Vollkornprodukte, Milchprodukte, Meeresfisch, Austern und Hähnchenfleisch essen. Und zusätzlich täglich 1 bis 2 Zinktabletten aus der Apotheke nehmen.

Erfolgreiche Tricks gegen Mundgeruch

Jeder Fünfte leidet an Mundgeruch

Jeder fünfte Deutsche leidet an Mundgeruch. Viele wissen es gar nicht. Vor allem leiden Partner, Kollegen und Freunde darunter. Mundgeruch wird durchweg als störend, abstoßend und unappetitlich empfunden. Viele sind der Meinung: Das ist grundsätzlich eine Folge von mangelnder Zahn- und Mundpflege. Kann sein. Muß aber nicht. Eines aber ist klar: Wer unter Mundgeruch leidet, sollte schon im Interesse der Gesundheit gezielt etwas dagegen tun.

Was ist nun tatsächlich die Ursache für üblen Mundgeruch? Es gibt mehrere Möglichkeiten:

- Schlechter Atem entsteht, wenn über die Lunge Stoffwechselprodukte aus dem Blut in die Atemluft gelangen. Das kann sehr oft bei nervösen Verdauungsstörungen der Fall sein.
- Es kommt aber auch zu Mundgeruch, wenn man zu wenig Verdauungsenzyme hat. Besonders unangenehm wird die Geruchsentwicklung nach dem Genuß von fettem, schwer verdaulichem Essen.
- Ein krankes Darmmilieu kann ebenso zu Mundgeruch führen. Wenn die schädlichen, krankmachenden Bakterien im Darm in der Überzahl sind.
- Wer oft Zwiebeln und Knoblauch ißt, wer Alkohol trinkt und raucht, liefert nicht gerade die beste Luft beim Ausatmen.

Schlechter Atem durch kranke Mandeln

- Schließlich können Entzündungen im Mund- und Rachenbereich, Störungen an den Mandeln, aber auch ungepflegte Zähne zu Mundgeruch führen.
- Genauso können grippale Infekte im Magen-Darm-Bereich, Diabetes oder ein Leberleiden die Ursache dafür sein.

Jeder muß also gemeinsam mit dem Arzt herausfinden, warum er unter Mundgeruch leidet. Wenn die Sache geklärt ist, dann stehen zahlreiche natürliche Behandlungsmöglichkeiten zur Verfügung, aus denen jeder die Methode herausfinden muß, die ihm am schnellsten Hilfe bringt:

- Wichtig, daß man vorbildliche Zahnhygiene betreibt. Am besten nach jeder Mahlzeit Zähne putzen: mit der Zahnbürste, mit Zahnseide und mit Mundwässern.
- Mitunter genügt das Verzehren eines Apfels, um den Mundgeruch zu bannen. Oder Sie verrühren 1 Teelöffel Apfelessig mit 1/8 Liter Wasser, trinken davon und gurgeln mit dem Rest.
- Viele schwören auf die Gewürztherapie: Mischen Sie zu gleichen Teilen Fenchel, Anis und Dill. Kauen Sie dreimal täglich davon 1 Gramm vor den Hauptmahlzeiten. Die Gewürze dürfen erst geschluckt werden, wenn sie breiig sind.
- Trinken Sie tagsüber öfter einmal 1 Tasse Heidelbeertee (Apotheke).
- Kauen Sie Kaffeebohnen, Thymian oder Majoran.

Kauen Sie Thymian und Majoran!

- Trinken Sie hin und wieder ein Glas Milch. Mancher hat mehr Erfolg mit kalter Milch, mancher mit warmer Milch.
- Regelmäßiges Gurgeln mit Salbeitee kann oft eine ideale Hilfe sein.
- Oder machen Sie eine Zeitlang eine Kur mit Propolistropfen aus dem Bienenstock (Apotheke, Drogerie). Geben Sie 20 Tropfen der Tinktur in etwas lauwarmes Wasser. Gurgeln Sie mit einem Teil, ein wenig davon trinken Sie.
- Bannen Sie Ihren Mundgeruch, wenn er vom Magen kommt, mit einer Frühstückskur aus. Verzichten Sie einige Tage auf Ihre Frühstücksgewohnheiten. Kochen Sie 1/4 Liter Milch mit 1 Eßlöffel goldgelbem Leinsamen (Drogeriemarkt) auf. Essen Sie den Brei auf nüchternen Magen.
- In der Apotheke bekommen Sie gegen Mundgeruch medizinische Kaugummis ohne Zucker,

Tabletten mit Chlorophyll und erfrischende Mundsprays.

Erfrischende Mundsprays aus der Apotheke

Also: Wenn Sie selbst dahinter kommen oder von anderen darauf hingewiesen werden, daß Sie Mundgeruch haben, dann – nur keine Panik. Meist hilft einer der angeführten Tricks. Wenn nicht, muß der Arzt eine Heilfastenkur mit Ihnen durchführen oder eine Magen-Darm-Behandlung einleiten.

Entzündungen im Mund: So kann man sie kurieren

Sie haben das sicher auch schon einmal erlebt: Man verspürt aus heiterem Himmel ein unangenehmes Brennen im Mund. Es ist, als ob man wund wäre. Die Medizin spricht von einer Mundschleimhautentzündung. Es gibt dafür viele Ursachen: ausgetrocknete Mundschleimhäute, eine Infektion durch nicht sauberes Eßbesteck, der Genuß von ungewaschenem Obst, das mit starken Spritzmitteln versehen oder geschwefelt wurde, kranke Zähne, ein schlecht sitzender Zahnersatz, übermäßiges Rauchen sowie Vitaminmangel oder zu heiß aufgenommene Nahrung.

Eines muß man wissen: Das Auftreten einer Mundschleimhautentzündung ist immer der sichere Beweis, daß die Immunkraft geschwächt ist. Daher können Streß, Ängste und Aggressionen diese gesundheitliche Störung verstärken. Wenn man nicht sofort etwas dagegen tut, kann daraus eine langwierige und schmerzhafte Angelegenheit mit Komplikationen werden. Es gibt eine Reihe von natürlichen Rezepten, die man erfolgreich einsetzen kann:

Salbeitee bekämpft Entzündungen im Mund

- Spülen Sie den Mund mehrmals täglich mit Salbeitee aus: 1 Teelöffel Salbeiblätter mit 1 Tasse kochendem Wasser übergießen, 10 Minuten ziehen lassen, durchseihen, lauwarm verwenden.
- Oder spülen Sie mit Eibischtee. 2 Eßlöffel Eibischblätter und Blüten (Apotheke) mit 1 Tasse kaltem Wasser übergießen, zum Kochen bringen, 15 Minuten ziehen lassen, durchseihen.
- Oder bringen Sie 1 Eßlöffel getrocknete Heidelbeeren (Apotheke) mit 1 Tasse kaltem Wasser zum Kochen, 10 Minuten sieden lassen, durchseihen. Jede Stunde den Mund damit spülen.
- Pinseln Sie den Mund mit verdünnter Myrrhe-Tinktur (Apotheke) aus.
- Geben Sie zweimal täglich 10 Tropfen von der homöopathischen Tinktur Arnika D 10 (Apotheke) in ein Glas warmes Wasser und spülen Sie damit den Mund aus.
- Ein besonders einfaches Rezept für unterwegs: Rühren Sie den Saft einer halben Zitrone in ein Glas Wasser. Süßen Sie mit etwas Honig. Trinken Sie täglich 1 Glas, und spülen Sie mehrmals am Tag mit einem zweiten Glas den Mund.

Salbeiöl und Propolistinktur für Eilige

- Für Eilige: Geben Sie 3 Tropfen Salbeiöl (Apotheke) in 1 Glas warmes Wasser, gut verrühren. Spülen Sie damit den Mund. Ebenso geeignet dafür sind Propolistropfen aus der Apotheke.
- Die Substanz Cholin sowie das Provitamin A Betacarotin helfen, die Entzündung im Mund zu bekämpfen. Der Körper kann Cholin produzieren, wenn wir regelmäßig Fisch und grünes Blattgemüse essen. Betacarotin liefern Möhren, Spinat und Papayafrüchte.
- Tanken Sie reichlich Vitamin C: mit Paprikaschoten, mit frischer Petersilie, mit Kiwis.

- Waschen Sie Obst und Gemüse gründlich, damit wirklich alle Schadstoffe, die sich darauf befinden, entfernt werden.
- Putzen Sie gründlich die Zähne und etwaigen Zahnersatz. Verwenden Sie dazu eine weiche Zahnbürste. Gehen Sie regelmäßig zum Zahnarzt.
- Wenn Sie mit diesen Rezepten nach 5 Tagen noch keinen Erfolg haben, müssen Sie unbedingt den Arzt aufsuchen.

Magen und Darm zittern vor Parodontose

Zahnfleischschwund: Fast jeder ist selbst daran schuld

Zahn- und Zahnfleischprobleme haben in unseren Breiten das Ausmaß von Epidemien bekommen. Und das Schlimme daran: Fast keiner redet darüber. Daher muß es einmal offen gesagt werden: Die Parodontose beispielsweise, auch Zahnfleischschwund genannt, müßte in den meisten Fällen nicht sein. Fast jeder ist zu einem Gutteil selbst daran schuld.

Mancher wird jetzt fragen: Was hat die Parodontose mit Magen und Darm zu tun? Sehr viel sogar: Für eine gesunde Verdauung sind gesunde Zähne von großer Bedeutung. Denn im Mund beginnt die erste Stufe der Verdauung – die Vorverdauung – im Bereich der Zähne. Können die Zähne die Aufgabe nicht optimal lösen, oder sind gar keine Zähne oder zu wenige vorhanden, dann wird nur eine schlechte, mangelhafte Vorverdauung geleistet. Das ist für den gesamten übrigen Verdauungstrakt eine große Belastung. Daher kann man sagen: Magen und Darm zittern vor der Parodontose. Denn wenn im Mund keine Vorleistung erbracht wird, steigt bereits das Risiko für Verdauungsstörungen.

Bei den Erwachsenen steht bei den Zahn- und Zahnfleischerkrankungen die Parodontose an erster Stelle. Es beginnt vorerst ganz harmlos mit Zahnfleischbluten. Das Zahnfleisch bildet sich zurück. Am traurigen Ende dieser jahrelangen Krankheitsgeschichte sind der Zahnhalteapparat und die Kieferknochen so weit abgebaut, daß die Zähne ausfallen. Die schreckliche Bilanz: Nur 2 von 100 Mitteleuropäern sind im Mund gesund.

Nur 2 von 100 sind im Mund gesund

Namhafte Zahnärzte kämpfen dagegen an, klären auf, mahnen. Denn: Soweit muß man nicht kommen. Wenn man die Warnsignale kennt und ernst nimmt, wenn man rechtzeitig Vorsorge trifft, dann erspart man sich diese Probleme.

Grundsätzlich weiß man heute: Nur in 10 Prozent der vorhandenen Parodontosen handelt es sich um eine ernsthafte Erkrankung des Immunsystems, für die der Betroffene nichts kann. In 90 Prozent der Fälle hingegen handelt es sich um eine banale Infektionserkrankung, die durch Früherkennung und richtige Zahnhygiene zu verhindern gewesen wäre. Am häufigsten betroffen von der Parodontose sind Frauen, die kurz vor den Wechseljahren stehen, aber auch Frauen und Mädchen, welche die Pille nehmen und zusätzlich rauchen. Man weiß heute allerdings auch, daß das Rauchen an sich die Parodontose fördert.

Einen beachtlichen Einfluß auf die Gesundheit der Zähne hat die Ernährung. Eine bedeutende, positive Rolle spielt dabei die Vollwertkost. Sie zwingt den Menschen zum ordentlichen Kauen. Unsere Zähne sind nämlich generell von der herkömmlichen, modernen Kost zu wenig beansprucht. Die Vollkornkost hingegen bildet eine hohe Selbstreinigungskraft für unser Gebiß. Ideal als Vorbeugung gegen

Die Darmflora beeinflußt die Gesundheit der Zähne

Parodontose: viel frisches Obst, rohes Gemüse, Müsli, Vollkornbrot, empfehlenswert als Nachtisch: Käse oder Quark. Daraus ist deutlich zu erkennen, daß der Zustand der Darmflora entscheidend die Gesundheit der Zähne beeinflußt.

Seit einigen Jahren weiß man auch: Negativer Streß, übermäßiger Streß, Probleme am Arbeitsplatz und im Privatleben verändern unter anderem auch den Speichel im Mund. Das negative Zahnmilieu fördert den Zahnfleischschwund. Typisches erstes Anzeichen von streßgeschädigten Zähnen: das Zähneknirschen, das sehr oft nachts erfolgt. Ein idealer Streßabbau: Freizeitsport, regelmäßig Urlaub machen, das Wochenende genießen.

Sehr sinnvoll ist es auch, nach jeder Mahlzeit die Zähne zu putzen. Außerdem sollte man unterstützend zur Vorbeugung gegen Parodontose nach dem Essen ungesüßte Früchte- oder Beerentees trinken und mit Salbeitee oder Eichenrindetee gurgeln. Durch die Gerbstoffe des Tees zieht sich das Zahnfleisch zusammen und wird gekräftigt.

Zahnärzte haben Programme zur Wiederherstellung vorhandener Parodontose: mit Laser oder mit sogenannten Spezialmanschetten wird das Zahnfleisch »wieder befestigt«. Doch das sind eben nur Reparaturen, die verhindert werden sollten.

Nicht vergessen: Alle 6 Monate zum Zahnarzt!

Erstes Gebot: Jeder sollte alle 6 Monate routinemäßig zum Zahnarzt gehen, sollte sich dort einer gründlichen Untersuchung unterziehen. Wenn die Zähne an sich in Ordnung sind, dann muß man unbedingt den Zahnstein entfernen lassen. Man nennt das eine Zahnhygiene. Das ist eine längere Sitzung von etwa einer Stunde. Aber sie lohnt sich. Außerdem sollten Kinder und Erwachsene über eine sinnvolle und optimale

Zahnpflege aufgeklärt werden. Es gibt da nicht nur die Zahnbürste, die richtig geführt werden muß und mit der man nicht bloß im Eilschritt über die Zähne fegen sollte. Es gibt zusätzlich zur Vorbeugung von Infektionen am Zahnfleisch die Zahnseide, Zahn-Mikrobürstchen, die Zahnspülung, elektrische Zahnbürsten und Zahnmassagegeräte. Ganz besonders wichtig aber ist es, bereits die Kinder zu einer regelmäßigen Zahnpflege anzuhalten. Dann gibt es im Erwachsenenleben viel weniger Verdauungsprobleme.

Mit Karies beginnt die Verdauungskrise

Das Zahnproblem Karies steht bereits am Anfang eines Menschenlebens: 7 von 10 Vorschulkindern sind davon befallen. Und bei den Zehnjährigen leiden schon 97 Prozent daran. Schuld daran sind die vielen Naschereien, die sehr oft vor dem Zubettgehen ohne anschließendes Zähneputzen konsumiert werden. Leider haben viele Eltern an der Karieserkrankung der Kinder mitschuld, weil sie den Kleinen abends zur Beruhigung ein Nuckelfläschchen mit gesüßtem Kräutertee geben. Das ist ein Verbrechen an den Zähnen. Die Bakterien an den Zähnen lösen in den Zuckerresten Gärprozesse aus. Dabei entstehen Säuren, die den Zahnschmelz angreifen und aufbrechen. Dadurch entstehen dann die gefürchteten Löcher in den Zähnen.

Nuckelfläschchen mit süßem Tee ruinieren die Zähne

Ganz besonders werden Kinder und junge Menschen bis zum 30. Lebensjahr von Karies heimgesucht. Danach nimmt das Risiko ab. Dafür nimmt dann die Gefahr einer Parodontose und von Zahnfleischentzündungen zu.

Doch nicht nur der Zucker verursacht Karies. Man weiß heute: Wenn der Zahnschmelz nicht entsprechend mit Mineralstoffen versorgt wird, dann ist er nicht mehr widerstandsfähig. Das hängt einerseits von der Ernährung ab, andererseits auch vom Streß, dem ein Mensch ausgesetzt ist. Wenn jemand längere Zeit starkem Streß ausgesetzt ist, dann verändert sich die Darmflora, vor allem jene Mikroorganismen, die aus der Nahrung den Mineralstoff Calcium und Fluor holen. Die Folge: Der Mineralgehalt im Zahnschmelz sinkt. Dadurch erfolgen in der äußeren Zahnschicht Einbrüche.

Keine Frage: Karieslöcher sind immer ein Fall für den Zahnarzt. Die typischen Symptome: Zahnschmerzen, vor allem beim Essen und Trinken und heißen, kalten oder sehr süßen Speisen und Getränken. Regelmäßige Besuche in der Zahnarztpraxis können helfen, daß diese Karieslöcher verhindert werden. Das scharfe Auge des Mediziners kennt die Vorboten von Karies. Es zeigen sich nämlich vorerst auf den Zähnen weiße Kreideflecken, weil dem Zahnschmelz Calcium entzogen wird. In diesem Stadium kann man mit entsprechenden Vorbeugemaßnahmen den Zahn retten.

So kann man Karieslöcher verhindern

Und das sind die wesentlichen Maßnahmen zum Vorbeugen von Karies:

- Benutzen Sie fluoridhaltige Zahnpasten. Dadurch kann der Zahnschmelz gekräftigt werden.
- Reduzieren Sie den Konsum von allzu süßen, zuckerreichen Speisen. Und wenn Sie es nicht lassen können, dann müssen Sie sofort danach gründlich die Zähne putzen.
- Wenn Sie Zitrusfrüchte essen – Orangen, Mandarinen, Grapefruits –, dann sollten Sie mit dem Zähneputzen etwa eine Stunde warten. Wenn Sie

unmittelbar nach dem Verzehren der Früchte putzen, dann verletzen Sie mit der Fruchtsäure den Zahnschmelz.

- Zuckerfreie Kaugummis sind zu empfehlen. Sie fördern die Produktion von bakterienabtötendem Speichel.
- Das Wichtigste ist das tägliche gründliche Zähneputzen. Einmal am Tag ist ein Muß. Dreimal am Tag wäre besser, unmittelbar nach den Mahlzeiten. Die Zahnbürste allein schafft das nicht. Setzen Sie auch Zahnbürstchen und Zahnseide ein, damit wirklich alle Speisereste in den Zahnzwischenräumen entfernt werden.

Alle Speisereste müssen entfernt werden

Was aber tun, wenn man bereits ein von Karies befallenen Zahn hat, Schmerzen bekommt und den Zahnarzt nicht erreichen kann. Dann kann man sich vorübergehend helfen, indem man ein paar Tropfen Nelkenöl auf einen Wattebausch gibt und diesen auf den schmerzenden Zahn drückt. Eine andere Möglichkeit: Verrühren Sie 3 bis 5 Tropfen australisches Teebaumöl in $^{1}/_{4}$ Liter lauwarmem Wasser und spülen Sie damit gründlich den Mund aus.

Mit Akupressur kann man Schmerzen lindern

Es gibt auch einen sehr wirksamen Akupressurgriff gegen Karieszahnschmerzen: Der entsprechende Energiepunkt heißt Di 1. Er liegt im Nagelwinkel des Zeigerfingers an der Seite, die dem Daumen zugekehrt ist. Hier setzen Sie den Daumennagel der anderen Hand an und drücken in kreisenden Bewegungen 10 bis 30 Sekunden, machen eine Pause und drücken wieder. Danach wiederholen Sie die Übung mit dem anderen Daumen am Zeigefinger der anderen Hand. Man kann damit die Schmerzen lindern oder vorübergehend ganz zum Verschwinden bringen.

Unbehandeltes Sodbrennen: Eine Zeitbombe im Körper

Jeder Dritte leidet an Sodbrennen

Jeder dritte Deutsche leidet an Sodbrennen und klagt mitunter sogar täglich über ein brennendes Gefühl im Schlund und hinter dem Brustbein. Von Jahr zu Jahr nimmt dieses Volksleiden zu. Ärzte vermuten, daß dies mit unserem Lebensstil zu tun hat. Denn die Ursachen für Sodbrennen sind: Übergewicht, Rauchen, Alkohol, fettes, üppiges Essen, zuviel Süßes, zu hastiges Essen.

Das Problem: Die meisten der Betroffenen nehmen das Sodbrennen nicht ernst. Sie denken, daß es sich dabei um ein harmloses Übel handelt. Sie tun nichts dagegen, gehen nicht zum Arzt.

Das kann gefährlich werden. Unbehandelt führt Sodbrennen zu einem chronischen Leiden. Und daraus wieder können sich mit der Zeit im Extremfall sogar Husten, Asthma und Speiseröhrenkrebs entwickeln.

Beim Sodbrennen handelt es sich um eine Funktionsstörung in der Speiseröhre. Saurer Magensaft fließt in die Speiseröhre zurück. Dadurch wird der Muskel zwischen Magen und Speiseröhre geschwächt. Zuerst entstehen bei nicht behandeltem Sodbrennen durch den ständigen Reiz Entzündungen. Daraus werden Narben und Engstellen. In der Folge kommt es zu Schluckbeschwerden.

Speisesoda ist keine ideale Maßnahme

Früher hat man, wenn Sodbrennen aufgetreten ist, Speisesoda genommen. Davon raten Ärzte heute ab. Damit wird zwar die überschüssige Säure neutralisiert. Es kann aber neue Säurebildung nicht verhindert werden. Daher sind andere Maßnahmen sinnvoll.

Hier einige Naturrezepte, die sich bewährt haben:

- Wenn das Sodbrennen einsetzt, geben Sie 1 Teelöffel Heilerde für den inneren Gebrauch (Apotheke) in ein Glas, gießen 1/4 Liter Wasser auf, rühren um und trinken zügig aus. Die feine Erde bildet im Magen und im Darm eine riesige Oberfläche, welche überschüssige Säuren, Fette und Gifte ansaugt und abtransportiert.

- Vorbeugend sollten jene, die zu Sodbrennen neigen, 15 Minuten vor dem Essen 1/8 Liter Kartoffelsaft (Reformhaus) in kleinen Schlucken trinken.
- Mitunter hilft auch ein Glas kaltes Wasser oder ein Glas kalte Milch.
- Hilfreich ist es auch, wenn man vor der Mahlzeit eine Messerspitze Ingwer-Pulver (Apotheke) einnimmt.

Die Medizin begnügt sich allerdings nicht damit, den Brand in der Speiseröhre zu lindern oder zu löschen. Sie geht an die Ursachen heran und setzt dazu Präparate mit einem Schutzgitter-Antacidum ein: meistens mit dem Wirkstoff Magaldrat. Er funktioniert als »Reparaturdienst«, neutralisiert die überschüssige Säure in Magen und Speiseröhre und stellt die Schutzschicht der angegriffenen Schleimhäute wieder her. Der Arzt wird Ihnen ein entsprechendes Präparat empfehlen.

Magaldrat – Reparaturdienst für Magen und Speiseröhre

Und so sollte man langfristig Sodbrennen vorbeugen:

- Bauen Sie etwaiges Übergewicht ab.
- Tragen Sie beim Essen keine zu engen Gürtel und Kleider.
- Essen Sie nicht zuviel Fett. Es legt den Muskel des Mageneingangs lahm.
- Essen Sie nicht zu scharf.
- Rauchen Sie nicht. Nikotin verstärkt das Sodbrennen.
- Trinken Sie nicht zuviel Alkohol. Er stört – vor allem abends – die Arbeit des Schließmuskels.

Alkohol stört die Arbeit des Schließmuskels

Wenn das Sodbrennen immer wieder kommt, muß man zum Arzt gehen

- Essen Sie regelmäßig Vollkornbrot. Es liefert Substanzen, die den Verschlußmechanismus des Mageneingangs stärken.

Sehr wichtig: Wenn das Sodbrennen immer wieder kommt, muß ein Arzt eine umfassendere Therapie einleiten.

Einfache Tips und Tricks gegen das Aufstoßen

Es zählt eigentlich zu den großen Unarten bei Tisch. Und doch können so viele Menschen, die darunter leiden, gar nichts dafür, wenn man es ihnen auch als Unhöflichkeit anlastet. Gemeint ist das Aufstoßen, mehr oder minder diskret durchgeführt, im Volksmund auch Rülpsen genannt. Im Jahr 1997 hat sich eine so angesehene amerikanische Institution wie die Berkeley-Universität in Kalifornien mit dieser gesundheitlichen Störung intensiv befaßt. Die Wissenschaftler kamen dabei zu dem Schluß: Es gibt einfache Tricks, mit denen man das Aufstoßen verhindern kann.

In der kalten Jahreszeit sowie im Frühjahr und im Herbst kann man es ganz besonders bei vielen Menschen beobachten. Vermutlich, weil sich da oft die Temperaturschwankungen von der Wärme in Innenräumen und der Kälte im Freien auf die Verdauung auswirken. Eines steht fest: Aufstoßen findet immer nur im Zusammenhang mit einer Nahrungsaufnahme statt, meist unmittelbar danach, oft aber auch dabei.

Beim Essen wird auch Luft geschluckt

Das erklärt bereits vieles: Bei jedem Essen werden ja nicht nur die gekauten oder getrunkenen Lebensmittel verschluckt, sondern auch mehr oder minder kleine Mengen an Luft. Es ist daher im Grunde genommen vollkommen normal, daß der eine oder andere diese verschluckte Luft durch ein gelegentliches, diskretes Aufstoßen wieder los wird.

Ärzte warnen sogar: Wer das Aufstoßen unterdrückt, beim Essen viel redet und daher besonders viel Luft schluckt, der leidet meist an starken Blähungen. Aber auch Streß und nervöse Störungen können dazu führen, daß Menschen viel Luft schlucken und daher unter Aufstoßen leiden.

Es ist daher wichtig, daß wir uns alle im Vorfeld bemühen, weniger Luft zu schlucken. Nur dann können wir dem Aufstoßen entgegenwirken:

- Essen Sie langsam und genüßlich. Wenn Sie keine Zeit haben, dann verschieben Sie die Mahlzeit.
- Kauen Sie jeden Bissen gründlich, am besten bis zu dreißigmal.
- Essen Sie bewußt und nicht zu hastig. Schlingen Sie die Portionen nicht gierig hinunter. Und gießen Sie auch Getränke nicht eilig in sich hinein.
- Essen und trinken Sie niemals im Gehen auf der Straße.
- Essen und trinken Sie niemals während eines spannenden Fernsehfilms. Sie verlieren vollkommen die Kontrolle über die Nahrungsaufnahme und schlucken in der Aufregung wieder viel Luft.

Essen Sie niemals während des Fernsehens

- Trinken Sie nach Möglichkeit niemals eine Flüssigkeit mit einem Strohhalm. Dasselbe gilt für die Gewohnheit, direkt aus der Flasche zu trinken. Dabei tankt man sehr viel Luft.
- Dasselbe kann beim intensiven Lutschen von harten Bonbons passieren.
- Rauchen Sie weder Zigarette, Zigarre noch Pfeife.
- Gehen Sie sparsam mit kohlensäurehaltigen Getränken um. Vorsicht ist auch beim Bier geboten.

Lockere Zahnprothesen fördern das Aufstoßen

Sie bekommen damit viel Luft in den oberen Verdauungstrakt.

- Lassen Sie lockere Zahnprothesen möglichst bald reparieren.
- Reden Sie nicht zuviel beim Essen.
- Meiden Sie zu üppige, zu fette und umfangreiche Speisen wie etwa Gebratenes, fettes Fleisch, Sahnesoßen, Bratensoßen und zuviel Weißgebäck.
- Legen Sie sich nach dem Essen auf keinen Fall hin. Vor allem die Rückenlage fördert das Aufstoßen.
- Bauen Sie Streß ab. Häufiges Aufstoßen kann der erste Vorbote für eine spätere Magenschleimhautentzündung sein.

Sanfte Medizin für den »verdorbenen Magen«

Millionen Deutsche, die absolut an keiner Magenerkrankung leiden, haben dennoch zeitweise Probleme mit ihrem oberen Verdauungstrakt. Die Symptome: Magendrücken, Völlegefühl, Aufstoßen, allgemeines Unwohlsein, Appetitlosigkeit, Übelkeit nach jeder Mahlzeit. Man spricht im Volksmund vom »verdorbenen Magen«. Nichts Gefährliches oder Außergewöhnliches, aber höchst unangenehm.

Wetterwechsel kann den Magen irritieren

Die Ursachen: Streß, zuviel Alkohol, zu fettes und zu üppiges Essen, Fertigmahlzeiten aus der Tiefkühltruhe oder aus der Konserve, zu viel Süßes, seelische Konflikte und Aufregungen, unbeständiges Wetter mit wechselnden Temperaturen, nicht mehr ganz frische Nahrungsmittel, Medikamente.

Man sollte auch bei leichten Beschwerden, wenn diese länger als 2 Tage anhalten, zum Arzt gehen.

Auch er wird, wenn keine ernsthafte Erkrankung dahintersteckt, vorrangig zu sanften Rezepten raten.

- Wenn ein übermäßiger Alkoholkonsum zu den Magenbeschwerden geführt hat, dann trinken Sie Mariendisteltee (Apotheke). Im Mariendistelsamen gibt es die Substanz Silymarin. Sie transportiert rasch Alkoholgifte aus dem Magen und stärkt zugleich die Leber. Trinken Sie dreimal täglich 1 Tasse Tee oder nehmen Sie 3 Mariendistel-Kräutertabletten (Reformhaus) mit reichlich Flüssigkeit.

Das Silymarin in der Mariendistel stärkt die Leber

- Wenn Sie zu fett und zu üppig gegessen haben, dann geben Sie 1 Teelöffel Heilerde in ein Glas, gießen $^{1}/_{4}$ Liter stilles Mineralwasser auf, gut umrühren und zügig trinken. Die feine Heilerde saugt Fette und Gifte der Mahlzeit auf und transportiert sie durch den Darm ab.
- Wenn Sie zuviel Süßes konsumiert haben, dann trinken Sie einige Tage vor jeder Mahlzeit $^{1}/_{8}$ Liter Kartoffelsaft (Reformhaus). Er bindet die Säuren, die durch den Zucker gebildet werden.
- Wenn Sie zuviel Mahlzeiten aus Konserven oder vorgefertigte Speisen konsumiert haben und ein flaues Gefühl im Magen spüren, dann nehmen Sie einige Tage dreimal täglich 2 Eßlöffel Artischokkensaft (Reformhaus), in etwas Wasser verrührt. Der Hauptwirkstoff Cynarin aus der Artischocke stärkt die Leber und schafft rasch Schadstoffe aus dem Darmbereich: Farbstoffe, Nahrungsmittelzusatzstoffe, Haltbarkeitssubstanzen und anderes mehr.
- Hat der Streß die Magenstörung ausgelöst, dann sollten Sie dreimal täglich 1 Tasse von ganz bestimmten Kräutertees trinken: Kamillentee, Odermenningtee oder Pfefferminztee.

Ein Kräutertee gegen den gestreßten Magen

- Wenn Sie Aufregungen hatten, dann machen Sie eine Rollkur mit Malventee. Trinken Sie 1/4 Liter lauwarmen Tee und legen Sie sich dann jeweils 5 Minuten auf den Rücken, auf die linke Seite, auf den Bauch und auf die rechte Seite.
- Wenn Sie zuviel Eiweiß zu sich genommen haben, dann genießen Sie ein paar Scheiben von einer frischen Ananas. Die Enzyme in der Ananas fördern die Verarbeitung von Eiweiß.
- Wenn Medikamente die Magenaktivitäten gestört haben, dann trinken Sie einige Zeit täglich 2 Becher Joghurt mit lebenden Bakterienkulturen, sogenannte probiotische Joghurts. Das bringt die Darmflora wieder in Ordnung.

Gelber Enzian, wenn der Magen streikt

Mit Naturkräften gegen Appetitlosigkeit

Viele Menschen leiden zeitweise auch an Verdauungsproblemen und Magenbeschwerden, die mit Appetitlosigkeit verbunden sind. Es wäre vollkommen falsch, in dieser Situation starke Medikamente einzusetzen. Hier sollten wir vorrangig zuerst immer die Kräfte der Natur nutzen. Wie man das macht, das haben schon unsere Vorfahren gewußt.

Am besten hat sich in der Volksmedizin und in der traditionellen Naturheilkunde der gelbblühende Enzian bewährt. Die Heilpflanze wird bereits im Kräuterbuch des chinesischen Gelehrten Pen-Tsao-Kang-Mu am Hof des Kaisers Sheng-Nung an 3 Stellen erwähnt. Das war vor rund 5 000 Jahren. Aber auch die Illyrer, Griechen und Römer im Altertum und Paracelsus im Mittelalter lobten die Wirkung des gelbblühenden Enzians. Auch Pfarrer Sebastian Kneipp setzte ihn ein.

Heute ist die Hochgebirgspflanze längst auch von der Schulmedizin anerkannt und wird sehr oft von Hausärzten empfohlen. Man verwendet vom gelbblühenden Enzian die Wurzel. Sie enthält die meisten Bitterstoffe – sie werden Bitterstoff-Glykoside genannt –, die man in einer Heilpflanze nachweisen kann. Es werden grundsätzlich nur die Wurzeln von Enzianpflanzen verwendet, die 4 bis 5 Jahre alt sind. Genau dann enthalten sie nämlich die optimale Qualität und Quantität dieser Wirkstoffe.

Bitterstoffe aktivieren Verdauungsdrüsen

Die Bitterstoffe regen entscheidend die Drüsen- und Enzymproduktion im Magen an und aktivieren sämtliche Verdauungsdrüsen. Dadurch beginnen Magen und Darm nach einer vorübergehenden Störung wieder mit voller Kraft zu arbeiten. Die Nahrung kann wieder ungestört aufgeschlossen werden. Der wichtigste der Bitterstoffe ist das Amarogentin.

In vergangenen Zeiten hat man sich die Enzianwurzel aus der Apotheke besorgt und hat einen Magentee daraus zubereitet. Hier das Rezept: 1 Teelöffel kleingeschnittene Enzianwurzel wird mit $^{1}/_{4}$ Liter sprudelnd heißem Wasser überbrüht. Dann läßt man das Ganze 5 Minuten nachkochen und danach durchseihen. Der Tee muß ungesüßt $^{1}/_{4}$ oder $^{1}/_{2}$ Stunde vor dem Essen in kleinen Schlucken getrunken werden. Dadurch wird der bittere Geschmack intensiv von der Zunge aufgenommen und gleichzeitig die Speichelbildung gesteigert.

Es gibt noch eine zweite Zubereitungsart: 1 Teelöffel Enzianwurzel wird mit 1 Tasse kaltem Wasser 8 Stunden angesetzt. Dann durchseihen, etwas erwärmen und trinken.

Wer diesen bitteren Tee nicht so gerne trinkt, der kann die Wirkstoffe der Heilpflanze in Form von Enzian-

Kräutertabletten (Reformhaus) zu sich nehmen. Man muß reichlich nicht zu kaltes Wasser dazu trinken.

Keine Enziankur bei einem Reizmagen

Vorsicht: Bei einem Reizmagen sowie bei starker Magenübersäuerung eignet sich die Enziankur nicht. Da greift man besser zur Kamille oder zur Melisse.

Übelkeit: Das kann vieles bedeuten

»Mir ist so übel!« Das ist ein oft verwendeter Satz. Er kann vieles bedeuten. Doch meistens hat es mit einer Unpäßlichkeit im Magen- und Darmbereich zu tun. Die weit verbreitete Meinung zu dem Thema: Übelkeit ist im Grunde genommen etwas Harmloses, das oft rasch wieder von selbst vergeht. Wir sollten den Zustand der Übelkeit aber nicht unterschätzen, nicht auf die leichte Schulter nehmen.

Übelkeit kann im Extremfall das Alarmzeichen für eine gefährliche, lebensbedrohende Krankheit sein. Daher: Wenn man sich elend fühlt, wenn einem so richtig schlecht ist und man dafür keine Erklärung hat und wenn dieser Zustand längere Zeit anhält, dann sollte man in jedem Fall den Arzt aufsuchen. Er muß durch eine Untersuchung abklären, was wirklich dahinter steckt.

Denn eines steht fest: Übelkeit ist keine Diagnose für eine ganz bestimmte Befindlichkeitsstörung. Daher muß man – wie ein »Gesundheitsdetektiv« – jedesmal nachforschen, woher die Übelkeit kommen könnte, was der auslösende Faktor dafür war.

Übelkeit kann viele Ursachen haben

Mediziner an der Wiener Universität unter der Leitung von Prof. Dr. Harald Brunner haben sich intensiv mit der Übelkeit und ihren vielfältigen Varianten befaßt und haben sozusagen ein »Brevier der Übelkeiten« erstellt, damit Betroffene nicht leichtfertig damit umgehen, sich aber in harmlosen Fällen rasch helfen können.

An erster Stelle wäre die Übelkeit zu nennen, die unter die Alltagsbeschwerden und Befindlichkeitsstörungen einzuordnen ist. Ihre Ursachen lassen sich leicht ergründen. Meist weiß man sofort selbst, warum einem schlecht ist. Diese Art von Übelkeit kann ausgelöst werden: durch zu fettes, üppiges Essen, durch zu viel Zigaretten an einem Abend, wobei manchem auch allein vom passiven Mitrauchen übel wird. Übelkeit kann aber auch ausgelöst werden durch zu große Mengen Alkohol, ganz besonders durch das Durcheinandertrinken verschiedener Getränke. Aber auch durch zu wenig Schlaf, meist auf Grund durchzechter Nächte. Ebenso kann zu wenig Sauerstoff in stickigen Räumen mit schlechter Luft zu Übelkeit führen. Sehr oft handelt es sich dabei um Räume, in denen sich viele Menschen aufhalten. Es kann einem auch durch Hunger, etwa bei einer radikalen Diät, übel werden. Schließlich durch Hitze.

Einfache Maßnahmen: Frische Luft und Ruhe

In allen diesen Fällen ist die Übelkeit durch einen Mangel oder durch Alltagssünden ausgelöst worden. Daher ist eigentlich klar, was man in so einem Fall tun kann: Schlafen Sie sich aus, gehen Sie an die frische Luft, meiden Sie fette Speisen, stillen Sie den Hunger und vergessen Sie – zumindest für einige Zeit – Alkohol und Nikotin. Schaffen Sie sich bei zu großer Hitze Abkühlung.

Sie kennen sicher den Ausspruch, wenn jemand Kummer, Ärger oder Frust hat: »Mir ist speiübel!« oder »Mir ist zum Kotzen!« Das zeigt, was Psychotherapeuten und Neurologen längst wissen: Auch seelische Probleme können Übelkeit auslösen. Ängste und Streß sind sehr oft für Übelkeit verantwortlich.

Handelt es sich um einen vorübergehenden Zustand, dann löst sich das Problem von selbst. Kommt es aber durch seelische Belastungen über einen langen Zeitraum unentwegt zu Übelkeit, dann muß unbedingt eine psychotherapeutische Behandlung eingeleitet werden. In leichten Fällen sind Gespräche und Johanniskrautpräparate, in schweren Fällen Medikamente notwendig.

Die Übelkeit kann aber auch auf Vergiftungserscheinungen zurückzuführen sein. Sie ist dann meist auch mit Erbrechen und einem sehr schlechten Gesundheitszustand verbunden. Diese Übelkeit ist die Folge von exzessivem Nikotinkonsum, von Alkoholmißbrauch oder von Drogen. Ebenso kann es zu dieser Übelkeit durch verdorbene Lebensmittel, durch Salmonelleninfektion oder durch das Einatmen von giftigen Dämpfen kommen. In all diesen Fällen muß der Arzt eingreifen. Hier werden Entzug oder Medikamente oder beides notwendig.

Vorsicht vor verdorbenen Lebensmitteln

Allerdings kann das Einnehmen von ganz bestimmten Medikamenten ebenfalls zu Übelkeit führen. Sprechen Sie darüber mit Ihrem Apotheker oder mit dem Arzt. Und lesen Sie aufmerksam den Beipackzettel, wo so eine Nebenwirkung angegeben sein muß. Übelkeit können vor allem Arzneien auslösen, die gegen Rheumabeschwerden, gegen Herzerkrankungen oder allgemein gegen Schmerzen eingesetzt werden. Sehr oft ist eine Chemotherapie während der Krebsbehandlung mit Übelkeit verbunden.

Eine harmlose Übelkeit, die in Abständen auftritt, kann auch auf eine beginnende Schwangerschaft hinweisen. Während dieser Zeit ist vielen Frauen immer wieder schlecht. Es ist sinnvoll, den Gynäkologen zu informieren.

Übelkeit als Alarmzeichen für schwere Krankheiten

Es gibt eine Reihe von Krankheitsprozessen im menschlichen Organismus, die als Begleiterscheinung und als Warnsignal Übelkeit auslösen. Dazu gehören in erster Linie Fieber, zu niedriger Blutdruck, Magenleiden, Gallen- und Leberprobleme, Darmerkrankungen, Entzündungen im Bauchraum, aber auch Darmverschluß, Migräne, Gehirnerschütterung. Keine Frage: In all diesen Fällen kann nur der Arzt helfen.

Das allein beweist, daß man mit langanhaltender Übelkeit nicht leichtfertig umgehen darf. Da man, wenn man sich schlecht fühlt und von einem permanenten Unwohlsein befallen ist, nicht selbst feststellen kann, ob es schwerwiegende Gründe dafür gibt oder nicht, sollte man besser zu früh als zu spät medizinischen Rat einholen. Eines aber muß dabei selbstverständlich sein: Wird die Übelkeit von Schweißausbrüchen – vor allem von kaltem Schweiß – und von rasendem Puls begleitet, dann gibt es kein Zuwarten. Dann sollte der Betroffene so schnell wie möglich mit dem Rettungswagen ins nächste Krankenhaus gebracht werden.

Brechreiz darf nicht unterdrückt werden

Wer kennt das nicht: Die Muskeln in den Magenwänden, im Zwerchfell und im Bauch ziehen sich unwillkürlich zusammen. Wir haben keinen Einfluß darauf. Der Mageninhalt wird kräftig nach oben gedrückt und durch den Mund abgegeben. Das ist das klassische Erbrechen, sehr oft mit heftigen Kopfschmerzen und immer mit Übelkeit verbunden.

Erbrechen ist oft mit Kopfschmerzen verbunden

Es gibt viele Ursachen für den Brechreiz: Migräne, die monatlichen Tage der Frau, übermäßiger Streß, Reisekrankheit, Unpäßlichkeit nach zuviel Essen und zuviel Alkoholkonsum, außerdem nach dem Genuß von verdorbenen Lebensmitteln. Der ständige Brechzeit kann aber auch das Alarmsignal für eine schwere Krankheit sein. Wenn er also über einen Tag andauert, sollte man den Arzt aufsuchen, vor allem dann, wenn das Erbrochene rot, gelb, bräunlich oder schwarz verfärbt ist.

Ein Alarmsignal für eine schwere Krankheit

Noch eines ist ganz wichtig: Man sollte den Brechreiz niemals unterdrücken. Denn er ist ja ein gewollter Mechanismus, der den Körper von schädlichen Substanzen befreien soll. In den meisten Fällen aber läßt sich der Brechreiz gar nicht von unserem Willen beeinflussen, weil er vom Nervensystem gesteuert wird.

Der Brechreiz kann natürlich auch seelische Ursachen haben. Man kann das oft bei jungen Menschen in der Pubertät beobachten, wenn sie Probleme mit ihrem Elternhaus haben, wenn sie mit ihren ersten sexuellen Erlebnissen nicht klarkommen. Der Brechreiz spielt auch bei der Erkrankung der Magersucht eine bedeutende Rolle.

Dem ganz alltäglichen, harmlosen Brechreiz kann man wirksam vorbeugen. Die Maßnahmen dafür sind relativ einfach: nicht zuviel essen, nicht zu üppig essen, nicht zuviel Alkohol trinken, vielleicht auch öfter auf den Nachtisch verzichten, wenn man ohnehin schon sehr satt ist. Und wer zur Reisekrankheit neigt, der sollte vor Antritt einer Schiff-, Bahn-, Auto- oder Flugreise mit seinem Arzt oder Apotheker reden und entsprechende Präparate mitnehmen. Am besten haben sich die Reisekaugummi-Dragees bewährt, die man erst einnehmen muß, wenn die ersten Anzeichen der Reisekrankheit auftreten.

Kaugummi-Dragees als Soforthilfe gegen Reisekrankheit

Und das sind die bekanntesten bewährten Naturrezepte gegen den Brechreiz:

- Führen Sie dem Körper Mineralstoffe und Flüssigkeit zu. Mischen Sie 4 Teile Mineralwasser und 1 Teil Fruchtsaft. Trinken Sie die Mischung in kleinen Schlucken, am besten mit Zimmertemperatur. Oder trinken Sie $^1/_4$ Liter Wasser mit 1 Vitamin-Mineralstoff-Brausetablette.
- Trinken Sie 2 Tassen Pfefferminztee in kleinen Schlucken. Hier das Rezept: 2 Teelöffel getrocknete Pfefferminzblätter (Apotheke, Drogerie) mit 1 Tasse kochendem Wasser übergießen, zugedeckt 8 Minuten ziehen lassen. Durchseihen.
- Auch mit Schwarz- oder Kamillentee kann man helfen.
- Essen Sie 2 Tage ausschließlich Zwieback und Haferschleimsuppe, damit sich der Magen beruhigen kann. Für die Haferschleimsuppe kochen Sie 20 Gramm Haferflocken in $^1/_4$ Liter Wasser auf.
- Lüften Sie möglichst oft die Räume, in denen Sie sich aufhalten. Gehen Sie oft ins Freie und atmen Sie in sauerstoffreicher Luft kräftig durch.
- Kauen Sie eine Kalmuswurzel aus der Apotheke.
- Geben Sie 1 gehäuften Teelöffel Heilerde für den inneren Gebrauch in ein Glas, gießen Sie mit $^1/_4$ Liter Wasser auf, rühren Sie das Ganze gut um und trinken Sie es in zügigen Schlucken.
- Legen Sie ein heißes, nasses Tuch auf den Bauch und ein kaltes, nasses Tuch auf die Stirn.

Schwarz- und Kamillentee beruhigen den Magen

Kümmel und Apfelessig gegen Blähungen

Ein Volksleiden, das Millionen Menschen zu schaffen macht, über das aber keiner gerne spricht, sind die lästigen und oft sehr schmerzhaften Blähungen. Viele werden das ganze Jahr über davon gequält. Ganz

besonders treten Blähungen bei Wetterwechsel von Kalt auf Warm oder von Warm auf Kalt auf.
Man darf Blähungen nicht als gegeben hinnehmen. Man sollte bereits beim ersten Anzeichen gezielt etwas dagegen tun. Neue Erkenntnisse über Ursachen und Entstehung der Blähungen helfen heute, das Problem besser in den Griff zu bekommen.

Darmwinde – auch heute noch ein Tabu-Thema

Bei Blähungen handelt es sich um eingeschlossene Luft im Darm. Der Bauch wird sehr oft ballonartig aufgebläht. Und es entstehen übelriechende Darmwinde. Es ist grundsätzlich normal, daß im Magen und im Darm bei der Verdauung Gase entstehen. Zum Problem wird das nur, wenn sich zu viele Gase bilden. Dann kommt es zum Völlegefühl, zu einem Rumoren im Leib, zu kolikartigen Schmerzen und den besagten Darmwinden. Empfindliche Menschen leiden bereits unter sehr leichten Blähungen.
Und das sind nun die Ursachen für das Entstehen von Blähungen:

- In den meisten Fällen sind blähende Speisen schuld, die schwer verdaulich sind oder gegen die vom Organismus her eine Unverträglichkeit besteht. Dazu gehören Kohl, Hülsenfrüchte, Zwiebeln, Müsli, Beeren, Feigen, Trauben, Vollkornbrot, Bananen und Rettich.
- Bei vielen Menschen löst ein Überkonsum von Zucker Blähungen aus. Ganz speziell kann das passieren, wenn man Vollkornprodukte und reichlich Zucker konsumiert.

Hastiges Essen kann zu heftigen Blähungen führen

- Auch Getränke mit einem hohen Anteil an Kohlensäure lösen häufig Blähungen aus.
- Viele Menschen leiden unter Blähungen, weil sie »Luftschlucker« sind. Beim hastigen Essen und Trinken, aber auch beim eifrigen Reden während

des Essens gelangt sehr viel Luft in den Magen und macht Probleme.

- Selbstverständlich kann auch mangelnde Bewegung zu Blähungen führen.
- Es gibt Menschen, bei denen der Speisebrei grundsätzlich träge transportiert wird oder bei denen ein gestörter Gasaustausch zwischen Blut und Darm vorhanden ist. Bei ihnen sind Blähungen vorprogrammiert.
- Bei anderen wieder ist der Darm auf Grund von Krankheiten oder vorübergehenden Störungen nicht in der Lage, die aufgenommene Nahrung entsprechend zu verdauen. Dazu gehören Magenschleimhautentzündung, Darmausbuchtungen, Entzündungen der Bauchspeicheldrüse, ein Reizdarm, Nervosität, Verstopfung oder Durchfall.
- Blähungen können aber auch die Folge einer Nahrungsmittelallergie sein. Milchprodukte zum Beispiel sind da oft die Auslöser.
- Keine Frage: Für Blähungen gibt es auch seelische Ursachen. Streß, Ärger, Ängste, depressive Stimmungen können die Darmtätigkeit stören.

Und so kann man erfolgreich gegen Blähungen vorgehen, kann sozusagen ein Verdauungs-Training dagegen starten:

Das Erfolgsprogramm gegen Blähungen

- Essen Sie grundsätzlich langsam und bewußt. Kauen Sie gut. Essen Sie öfter am Tag kleine Mahlzeiten. Hören Sie mit dem Essen auf, wenn Sie satt sind. Meiden Sie blähende Speisen.
- Sprechen Sie während des Essens nicht zuviel.
- Achten Sie auf regelmäßige körperliche Bewegung.
- Wenn Sie zu Blähungen neigen, dann legen Sie sich nach dem Essen eine mit heißem Wasser gefüllte Gummiwärmflasche auf den Bauch.

- Trinken Sie nach dem Essen 2 Tassen Salbei- oder Kümmeltee. Ganz besonders hat sich Anistee bewährt: 1 gehäufter Teelöffel Aniskörner mit $^{1}/_{4}$ Liter kochendem Wasser übergießen, 10 Minuten ziehen lassen. Lauwarm und in kleinen Schlucken trinken.

Die Kinderheilkunde setzt Fencheltee ein

- Wenn Säuglinge an Blähungen leiden, dann hilft Fencheltee: $^{1}/_{2}$ Teelöffel Fenchelsamen mit $^{1}/_{4}$ Liter kochendem Wasser übergießen, 10 Minuten ziehen lassen. Durchseihen, lauwarm vor den Mahlzeiten trinken.
- Äußerlich helfen Pfefferminzöl und Basilikumöl gegen Blähungen: Jeweils 3 Tropfen des Öls werden mit 3 Eßlöffel Mandelöl vermischt. Damit massiert man den Bauch.
- Wer regelmäßig an Blähungen leidet, sollte sich vom Arzt Ratschläge holen, wie er die Darmflora wieder verbessern kann.
- Gemüsesorten, die Blähungen verursachen, werden weitaus verträglicher, wenn man sie vor dem Zubereiten vorerst einmal einfriert. Ein typisches Beispiel sind fast alle Kohlsorten. Hülsenfrüchte hingegen verlieren ihre gärungsfördernden Eigenschaften, wenn man sie vor dem Zubereiten 10 bis 12 Stunden in Wasser einweicht und dann nicht im Wasser kocht, sondern im Dampf zubereitet.
- Kauen Sie nach jeder Mahlzeit etwas frische Petersilie.
- Ein altes, bewährtes Hausmittel für eine äußerliche Anwendung: Mischen Sie 2 Liter heißes Wasser mit 1 Liter Apfelessig. Tauchen Sie ein Leinentuch ein, wringen Sie es aus und legen Sie es auf den Leib. Immer wieder ein neues, heißes Tuch auflegen.

Ein uraltes Hausmittel: Dill-Wein gegen Blähungen

- Ein altes, bewährtes Hausmittel für eine innere Anwendung: 2 Eßlöffel Dillsamen in $^{1}/_{4}$ Liter Weiß-

wein aufkochen. Abkühlen lassen. Durchseihen. Bei Blähungen ein Schnapsgläschen davon trinken.
- Wenn ganz starke Blähungen auftreten, dann legen Sie sich auf eine harte Unterlage, am besten auf den Fußboden, und zwar in Bauchlage.

Wenn das alles keinen Erfolg bringt, dann sollten Sie den Arzt aufsuchen. Der muß dann spezielle Medikamente einsetzen, welche die Verdauung unterstützen und die Gasbildung im Darm unterbinden.

5 Verdauungsstörungen, die besonders unangenehm und hartnäckig sein können

Haben Sie schon einmal eine Gallenkolik erlebt? Gehören Sie zu jenen Bedauernswerten, die in regelmäßigen Abständen an Gastritis oder an Magengeschwüren leiden? Tritt bei Ihnen oft Durchfall auf? Oder müssen Sie sich mit einer Pilzinfektion im Darm herumschlagen? Keine Sorge: Die moderne Medizin wartet mit erfolgreichen Therapien auf. Noch besser wäre es allerdings, wenn Sie Ihren Lebensstil so gestalten, daß Sie diesen hartnäckigen Leiden rechtzeitig vorbeugen …

Sinnvolle vorbeugende Maßnahmen gegen ernsthafte Erkrankungen

Die folgenden Störungen im Verdauungssystem treten bei besonders vielen Menschen auf, können sehr schmerzhaft sein und erfordern oft langwierige Therapien. Aber auch gegen diese mitunter sehr ernsthaften Erkrankungen kann man oft sinnvolle vorbeugende Maßnahmen setzen, was in gewisser Weise wieder als Verdauungs-Training anzusehen ist. Es handelt sich dabei um gesundheitliche Probleme, die bei jedem von uns auftreten können. Und daher sollte auch jeder darüber Bescheid wissen.

Schauen Sie doch einmal in Ihre Galle!

Vor allem Frauen leiden an Gallensteinen

Mancher, der zu üppig und zu fett gegessen hat, verspürt mehr oder minder heftige Gallenbeschwerden. In diesem Zusammenhang muß man sich vor Augen halten: Jeder vierte Deutsche hat Gallensteine. Auch junge und schlanke Menschen leiden unter diesem Problem. Frauen sind davon häufiger betroffen.

Die typischen Symptome für Gallenbeschwerden: Fettunverträglichkeit, Völlegefühl, Unverträglichkeit von Eiern, kolikartige Bauchkrämpfe, Blähungen, ein Druck unter dem rechten Rippenbogen und im rechten Oberbauch, Schmerzen, die oft bis in den Rücken und unter das rechte Schulterblatt strahlen.

Es ist sehr wichtig, daß man bei den allerersten Anzeichen für Gallenprobleme den Arzt aufsucht. Auch, wenn die Beschwerden bald wieder vergehen. Sie kommen nämlich wieder. Unbehandelte Gallensteine können böse Folgen haben: Gelbsucht, Gallenblasenentzündung mit tagelangen, permanenten Schmerzen, Fieber, Bauchspeicheldrüsenentzündung, Leberschäden und Gallenblasenkrebs, der in den meisten Fällen unheilbar ist.

Früher galt der Grundsatz: Solange die Gallensteine keine Schmerzen verursachen und Ruhe geben, sollte man sie lassen, wo sie sind. Die moderne Medizin ist da heute vielfach anderer Meinung. Aufgrund dieser massiven Gefahren raten Ärzte heute mehr und mehr: Auch Gesunde sollten in Abständen routinemäßig in die Galle schauen lassen, um zu erfahren, ob alles in Ordnung ist. Viele haben Gallensteine und wissen es gar nicht, weil die Steine noch keine Probleme gemacht haben. So ein Gallencheck ist schmerzlos. Es handelt sich dabei um eine problem-

Ein moderner Gallencheck ist vollkommen schmerzlos

lose, schmerzlose Ultraschalluntersuchung. Die einzige Voraussetzung: ein nüchterner Magen. Der Arzt rollt mit einem Gerät über den Bauch. Am Monitor ist genau die Gallenblase zu sehen. Und man erkennt auf einen Blick, ob alles in Ordnung ist oder nicht.

Werden bei so einer Untersuchung Gallensteine entdeckt, so ist zu überlegen, ob man sie entfernen läßt. Dazu bietet sich heute eine ganz neue Eingriffsmethode an: die laparaskopische Operation. Anstelle eines großen Schnittes gibt es nur 4 Löcher im Gewebe. Hier werden die medizinischen Geräte eingeführt. Der Eingriff wird mit Blick auf einen Monitor vorgenommen. Der Patient kann nach 2 bis 3 Tagen das Krankenhaus verlassen. Früher mußte er eine Woche bleiben. Und er ist nach 7 Tagen – statt nach 4 Wochen – wieder voll einsatzfähig.

Wenn nun jemand weiß, daß er Gallensteine hat, noch keinen Operationstermin kennt oder sich noch Zeit lassen möchte, dann kann es jederzeit zu einer Kolik kommen. Für diesen Fall gibt es hilfreiche natürliche Hausmittel:

Ein heißer Dunstwickel kann Wunder wirken

- Einen heißen Dunstwickel. Ein Tuch in heißes Wasser tauchen, etwas auswringen, auf den rechten Rippenbogen und Oberbauch auflegen, ein trockenes Tuch darüber legen. Ins Bett legen, flach atmen.
- Man kann ebenso heiße Pellkartoffeln zerdrücken, in ein Tuch einschlagen, auflegen. Die Pellkartoffeln strahlen eine besonders intensive und sehr lang anhaltende Wärme aus.
- Auch eine mit heißem Wasser gefüllte Gummiwärmflasche oder ein über Dunst erhitzter Heublumensack aus der Apotheke sind sinnvoll.
- Von innen her wirkt folgender Kräutertee entkrampfend: Pfefferminzblätter und Kamillenblüten

werden zu gleichen Teilen gemischt. 2 Teelöffel davon mit 2 Tassen kochendem Wasser übergießen, 10 Minuten zugedeckt ziehen lassen, durchseihen. Beide Tassen schluckweise trinken.

Wer vorbeugen möchte, daß die Galle gesund bleibt, der sollte die Kräfte aus dem Artischockenblatt nützen. Die darin enthaltenen Schutzstoffe stärken nicht nur die Leber, sondern fördern auch den Gallenfluß. Artischockensaft gibt es im Reformhaus, Artischockenextrakt in Kapseln in der Apotheke.

Mit einer Löwenzahnkur gegen Gallenkoliken

- Sehr bewährt gegen Gallenblasenbeschwerden oder Gallenkoliken hat sich eine Löwenzahnkur. Löwenzahn enthält reichlich Bitterstoffe und Schleimsubstanzen, die man als besonders gallenfreundlich bezeichnen kann. Besorgen Sie sich aus dem Reformhaus Löwenzahn-Frischpflanzensaft und nehmen Sie mehrmals am Tag 1 Eßlöffel davon, eventuell in etwas Wasser verrührt. Oder aber Sie machen eine Löwenzahn-Kräutertee-Kur. 1 Teelöffel getrocknete Löwenzahnblätter aus der Apotheke werden mit 1/4 Liter kaltem Wasser 6 Stunden angesetzt. Danach einmal aufkochen lassen, durchseihen. 3 Tassen am Tag trinken. 3 Wochen lang.

Pilzinfektionen im Darm kann man mit einer Diät bekämpfen

Pilzinfektionen sind in erschreckendem Maße auf dem Vormarsch

Man muß von einer neuen Volkskrankheit sprechen: Die Pilzinfektionen sind in erschreckendem Maße auf dem Vormarsch. Das Verhängnisvolle dabei: Die Hefepilze – in der Medizin Candidapilze genannt – sind normalerweise harmlose Bewohner unserer Haut und der Schleimhäute. Kaum aber ist unser Immunsystem geschwächt, so werden diese friedlichen Pilze zu gefährlichen Feinden.

Man weiß heute, welche Auslöser es im Leben des Menschen für eine Pilzinfektion gibt: unerträglicher Streß, falsche und einseitige Ernährung, zuviel Alkohol, Rauchen, Medikamente, die über einen langen Zeitraum eingenommen werden müssen. Aber auch Umweltgifte wie Schwermetalle und Pestizide schwächen unsere natürlichen Abwehrkräfte ganz erheblich.

Pilze im Darm können sehr gefährlich werden

Längst gilt eine Pilzinfektion in der Medizin nicht mehr als harmlos. Das Gefährliche: Es gibt für eine Pilzinfektion keine typischen Erstsymptome. Dadurch werden viele Erkrankungen verschleppt und zu spät erkannt.

Häufiger, als man denkt, treten Pilzinfektionen des Verdauungstraktes auf. Die Medizin geht dagegen seit Jahren erfolgreich und rigoros mit entsprechenden Medikamenten vor. Zusätzlich aber haben österreichische Mediziner herausgefunden: Die Betroffenen können auch selbst etwas gegen ihre Erkrankung tun: mit einer speziellen Diät gegen Pilzinfektionen. Aufgrund der beachtlichen Erfolge haben nun auch amerikanische Ärzte diese Diät übernommen.

Und so bekämpft man eine Pilzerkrankung im Verdauungstrakt direkt über die Verdauung:

- Erstes Gebot: Hefepilze lieben Zucker. Je süßer die Ernährung, desto hartnäckiger die Pilze. Daher: Streichen Sie grundsätzlich den Zucker und sämtliche Desserts von Ihrer Speisekarte. Meiden Sie Teigwaren, Reis, Speisen, die mit Mehl angerichtet werden.
- Zweites Gebot: Bauen Sie Naturprodukte in Ihre tägliche Ernährung ein, welche man als Feinde der Pilze bezeichnen kann: rohes oder schonend

gegartes Gemüse, Salate, Sauermilch, Joghurt, mageres Fleisch, Geflügel und Fisch, niemals gebraten oder gebacken.

- Drittes Gebot: Nehmen Sie regelmäßig nachgewiesene »Pilzkiller« zu sich. Das sind Knoblauch, Zwiebeln, Meerrettich. Sie müssen fester Bestandteil der Antipilzdiät sein.
- Viertes Gebot: Konsumieren Sie nur frische, einwandfreie Produkte. Lebensmittel, die schon einige Tage im Kühlschrank stehen, können leicht angeschimmelt sein. Hände weg. Diese Pilze können die Pilzinfektion neu aufflackern lassen!
- Fünftes Gebot: Setzen Sie in Ihrer Diät Produkte mit natürlichen Pilzfeinden ein: Vitamin A in Form von Möhren, Vitamin C in Form von Petersilie, Paprika und Salaten, Zink und Selen in Form von Meeresfisch, Mangan in Form von Weizenkleie. Zusätzlich raten viele Ärzte zur Aufnahme von Zink, Selen, Mangan und Magnesium in Form von Präparaten aus der Apotheke.

Es gibt wirksame »Pilzkiller« in unserer Nahrung

Wer die Diät gegen Pilzinfektionen strikt einhält, kann viel dazu beitragen, daß der Arzt die Krankheit schnell besiegt. Und das ist höchst notwendig. Nach neuesten Studien erhöhen Pilzerkrankungen im Verdauungstrakt den Cholesterinspiegel und werden damit auch zu einem Herzinfarktrisiko, was bisher keiner wußte.

Mit Schonkost und Wutanfällen gegen Gastritis

Wie oft hört man jemand klagen: »Ich spüre schon wieder meine Gastritis!« Das bedeutet: Der Betroffene hat unmittelbar nach dem Essen im linken Oberbauch krampfartige Schmerzen. Er verspürt ein unangenehmes Völlegefühl, hat Kopfschmerzen, Sodbrennen oder Aufstoßen. Es kommt zu Blähungen und Verstopfung. Die Beschwerden treten auf, vergehen wieder und kommen abermals.

Seelische Konflikte führen oft zu Gastritis

Wer unter Magenschleimhautentzündung oder Gastritis leidet, der hat sehr oft auch ein seelisches Problem: zuviel Streßbelastung, Kummer, Ängste, unterdrückte Aggressionen. Auch eine Überproduktion von Magensäure kann die Ursache sein. Aber auch die wird sehr oft von seelischen Störungen gesteuert. Seit einiger Zeit weiß man, daß ein Bakterium dahinter stecken kann, welches die Magenwände angreift: der Helicobacter pylori. Über ihn möchte ich im nachfolgenden Kapitel gesondert berichten.

Menschen, die sehr viel Verantwortung tragen müssen, leiden oft an Gastritis. Aber auch Menschen, die im Privatbereich oder im Berufsleben unterdrückt werden.

Früher hat man Gastritis mit speziellen Diäten bekämpft. Davon ist die moderne Medizin längst abgekommen. Auch das Trinken von Milch wird längst nicht mehr empfohlen. Milch neutralisiert zwar direkt nach dem Genuß ein Zuviel an Magensäure. Doch schon 30 Minuten später gibt sie Calciumionen an die Magenschleimhäute ab. Und damit wird die Bildung der Magensäure wieder angekurbelt.

Das sind nun die wirksamsten Naturrezepte, die sich gegen Magenschleimhautentzündung bewährt haben:

- Der Betroffene sollte essen, was er möchte, allerdings nur wenig. Das gilt für Zeiten, in denen er keine Beschwerden hat. Ideal sind 6 kleine Mahlzeiten am Tag anstelle von 3 großen. Dadurch wird der Magen nicht so belastet. Wenn Beschwerden auftreten, dann sollte man sich für eine kurzfristige Schonkost entscheiden: Haferschleimsuppe, Gemüsebrühe ohne Einlagen, Dinkelgriesbrei, Kamillentee, trockene Brötchen.

Kurzfristige Schonkost ist sehr sinnvoll

- Sehr sinnvoll ist, ehe man zu Medikamenten greift, eine klassische Rollkur mit Kamillentee. 1 gehäufter Eßlöffel mit Kamillenblüten aus der Apotheke wird mit $^{1}/_{4}$ Liter kochendem Wasser übergossen, 8 Minuten zugedeckt ziehen lassen. Durchseihen, lauwarm werden lassen. Dann die ganze Menge zügig trinken. Danach hinlegen und für jeweils 5 Minuten zuerst auf den Rücken legen, dann auf die linke Seite, danach auf den Bauch und schließlich auf die rechte Seite. Auf diese Weise können die heilenden ätherischen Öle der Kamille – vor allem das Bisabolol – sanft auf die Magenwände einwirken.
- Oder trinken Sie folgenden Heilkräutertee: Mischen Sie jeweils 1 Teelöffel Kamillenblüten, Pfefferminzblätter und Melissenblätter. Überbrühen Sie alles mit $^{1}/_{4}$ Liter kochendem Wasser. 10 Minuten ziehen lassen, duchseihen. Der Tee sollte lauwarm und ungesüßt in kleinen Schlucken zu den Mahlzeiten getrunken werden.
- Sehr sinnvoll ist es, daß all jene, die zu Gastritis neigen, regelmäßig Spinat, Kürbisgerichte, Grünkohl oder gedünstete Möhren essen. Darin ist sehr viel Provitamin Betacarotin enthalten. Und das kann angegriffene Magenwände wieder regenerieren.

Kartoffelsaft – ein Elixier für die Magenschleimhaut

- Ein bewährtes Mittel zur raschen Linderung von Gastritisbeschwerden: Besorgen Sie sich aus dem Reformhaus milchsauer vergorenen Kartoffelsaft und trinken Sie einige Zeit 15 Minuten vor jeder Mahlzeit $^{1}/_{16}$ bis $^{1}/_{8}$ Liter davon in kleinen Schlucken.

- Streßabbau ist sicher eine gute Möglichkeit, Gastritis erfolgreich zu bekämpfen. Sie sollten regelmäßig beruhigende Atemübungen machen. Auch Freizeitsport wirkt beruhigend und echte Erholung am Wochenende sowie Ferien ohne Urlaubsstreß.
- Ein altes Hausmittel bei starken Beschwerden: 3 Eßlöffel goldgelber, geschroteter Leinsamen wird mit etwas Wasser zu einem dünnen Brei gekocht. Löffeln Sie ihn langsam aus und trinken Sie außerdem Kräutertee dazu.

Und das sind vorbeugende Maßnahmen, damit erst gar keine Gastritisbeschwerden auftauchen:

Gesund für den Magen: Machen Sie Ihrem Ärger Luft!

- Wenn Sie sich ärgern müssen, dann schlucken Sie das nicht runter. Beißen Sie nicht die Zähne zusammen. Im Gegenteil: Machen Sie Ihrem Ärger Luft. Schreien Sie alles aus sich heraus. Scheuen Sie sich nicht vor Wutanfällen. Reagieren Sie alles nach außen ab.
- Meiden Sie Überkonsum von Bohnenkaffee, Nikotin und Alkohol, aber auch von Fleisch und Wurst. Gehen Sie fetten Speisen aus dem Weg.
- Essen Sie wenig, dafür öfter.
- Trinken Sie jeden Tag mindestens zwei Liter Wasser oder ungesüßten Kräutertee.
- Machen Sie Entspannungsübungen wie Yoga oder Autogenes Training.

Wenn all diese natürlichen Maßnahmen nicht helfen und wenn die Gastritis doch immer wieder auftritt, sollten Sie unbedingt den Arzt zu Rate ziehen. Er muß dann mit speziellen Medikamenten die Beschwerden bekämpfen.

Es kann hinter der Magenschleimhautentzündung auch ein anderes Leiden stecken. Mitunter gibt es parallel eine Entzündung des Dünndarms, oder es sind beginnende Magengeschwüre mit im Spiel. Die Schmerzen im Magen können auch auf einen Unfall oder auf eine Operation zurückzuführen sein.

So spüren Sie den Helicobacter pylori auf

Ein Bakterium als Krankheitserreger – vor 20 Jahren entdeckt

Keiner hatte früher jemals daran gedacht, daß es sich in vielen Fällen von Magenschleimhautentzündung oder Magengeschwüren um eine Infektion handeln könnte. Dann aber wurde – zum ersten Mal vor 20 Jahren – von Prof. Dr. Robin Warren die sensationelle Entdeckung gemacht und 1983 wissenschaftlich bestätigt: Bei fast 70 Prozent aller Patienten mit Magengeschwüren ist ein Bakterium der Verursacher: der spiralenförmige Magenkeim Helicobacter pylori. Dieses Bakterium löst in der Magenschleimhaut eine chronische Entzündung aus. Es können Geschwüre im Magen sowie im Zwölffingerdarm entstehen. Und man vermutet, daß sich daraus auch Magenkrebs entwickeln kann.

Die Weltgesundheitsorganisation (WHO) schätzt, daß weltweit $3^1/_2$ Milliarden Menschen mit dem Helicobacter pylori infiziert sind. Die Übertragung erfolgt in der Kindheit von Mund zu Mund, durch Fäkalien, durch mangelnde Hygiene beim Essen, aber auch durch Fliegen. Dadurch ist es auch zu erklären, warum viele Menschen, die in den Nachkriegsjahren ihre Jugend erlebten, heute an dem Bakterium leiden. Die mangelnde Hygiene damals hat sie krank gemacht.

Lange Zeit war es ein Problem, dem Helicobacter pylori auf die Spur zu kommen. Ein Patient mit Magenschleimhautentzündung oder mit Magengeschwüren mußte eine sehr unangenehme Untersuchung auf sich nehmen, damit man das Bakterium nachweisen konnte: eine Magenspiegelung mit Gewebeproben, Speichel- und Bluttest, alles nur in der Klinik möglich. Viele mieden diese Diagnosemethode und litten weiter an ihren Beschwerden.

Ein neuer Atemtest: Die Krankenkassen zahlen

Im Jahr 1997 aber wurde ein neuer Atemtest entwickelt, mit dem man den Keim im Magen nachweisen kann. Der Test wurde vom Institut für biomedizinische Analytik in Bochum entwickelt. Er wird inzwischen in ganz Europa angewendet. Und die Krankenkassen bezahlen den Test, der beim niedergelassenen Arzt durchgeführt werden kann. Der Patient schluckt 20 Milliliter gelösten Harnstoff. Der Magenkeim hat die Eigenschaft, Harnstoff in Ammoniak und Kohlendioxid zu spalten. Wenn nun der Patient nach einiger Zeit durch einen Strohhalm in eine Proberöhre bläst, dann kann man an der Menge des ausgeatmeten Kohlendioxides ablesen, ob sich in den Magenwänden der Keim befindet. Seine Existenz läßt sich mit 97prozentiger Sicherheit nachweisen. Durch diese Methode konnte man bisher schon den Helicobacter pylori in so manchem Magentrakt entdecken, in dem es gar keine Beschwerden gab. Viele haben so ein Bakterium und bekommen keine Magenprobleme. Daher sind viele Helicobacter-Fachleute der Meinung: Der Keim wird nur entfernt, wenn er Beschwerden verursacht. Und das ist nur bei jedem dritten bis vierten Bakteriumträger der Fall. Da kommt es zu Reizungen der Magenschleimhaut, zu Entzündungen, zu Gastritis. Diese Patienten haben einen Helicobacter, der besonders aggressive Giftstoffe abgibt. Außerdem kommt es darauf an, wie es um das Immunsystem des gesamten Organismus steht, wie sehr jemand raucht, trinkt und durch Streß seinen Magen schwächt.

Der Helicobacter gibt aggressive Giftstoffe ab

Wenn es notwendig ist, so kann man den Helicobacter pylori relativ einfach aus dem Magen entfernen. Das Bundesinstitut für Arzneimittel und Medizinprodukte hat 1996 eine Kombination aus 3 verschiedenen Medikamenten zugelassen. Es handelt sich um 2 Antibiotika mit einem Säurehemmer. In 95 Prozent der Fälle ist bereits nach einer einwöchigen Behandlung der Magenkeim besiegt.

So stoppen Sie das »Gewitter« in Ihrem Bauch

Wenn jemand mindestens dreimal am Tag dünnflüssigen Stuhl ausscheidet, dann spricht man von Durchfall. Im Volksmund nennt man es auch ein »Gewitter im Bauch«. Eine akute Durchfallerkrankung klingt im allgemeinen nach ein paar Tagen wieder ab. Dauert der Zustand länger als eine Woche, dann spricht man von einer chronischen Diarrhöe. Speziell aber da warnt der bekannte deutsche Gastroenterologe Prof. Dr. Stefan Müller-Lissner, Chefarzt des Krankenhauses Weißensee in Berlin. Oft kommen Patienten mit scheinbar chronischer Diarrhöe zum Arzt. Und dann stellt sich heraus, daß sie einfach exzessiv zuckerfreien Kaugummi gekaut, Magnesiumpräparate eingenommen oder Blutreinigungstees getrunken haben. All diese Maßnahmen können zu schwerem Durchfall führen.

Kaugummi, Magnesium und Blutreinigungstees können zu Durchfall führen

Das allein schon zeigt, daß ein Durchfall, der länger als 3 Tage dauert, unbedingt vom Facharzt abgeklärt werden sollte.

Durchfall kann mit vielen Beschwerden einhergehen. Es treten oft mit dem Stuhldrang Bauchschmerzen,

Blähungen, Übelkeit, Erbrechen, Kopfschmerzen, Fieber und Hautausschläge auf. Durchfall kann auch blutig und verschleimt sein. Durch den massiven Flüssigkeitsverlust nimmt der Patient oft rapide ab. Es kann zu Kreislaufproblemen und Austrocknung kommen.

Es kann zu Kreislaufproblememen kommen

Durchfall kann viele Ursachen haben: verdorbene Lebensmittel, ungewohnte Ernährung, Allergien, grippale Infekte, Bakterien und Viren, seelische Belastungen wie Streß, Angst, schwerwiegende Erkrankungen wie Ruhr, Darmentzündung, Darminfektion, Cholera und Typhus. Fast immer tritt der Durchfall ganz plötzlich auf.

Über eines muß man sich im klaren sein: Der Durchfall ist immer ein Alarmzeichen dafür, daß der Darm seine natürliche Aufgabe nicht mehr vollständig erfüllen kann. Die Aufnahme von Wasser sowie von Nähr- und Mineralstoffen ist massiv gestört. Der Abwehrmechanismus des Körpers ist geschwächt. Man muß sich das so vorstellen: Zur Verdauung von Nahrungsmitteln sind verschiedene Sekrete notwendig. Da diese Säfte in ihrer Intensität auch die eigenen Körperzellen angreifen würden, brauchen Magen und Darm eine schützende Schleimschicht. Diese Schicht verhindert zugleich auch, daß Krankheitskeime in direkten Kontakt mit den Zellen der Darmwand kommen. Die Schleimschicht des Verdauungstraktes stellt somit eine wichtige Barriere gegen das Einwirken von Keimen und aggressiven Substanzen dar. Wenn Durchfall auftritt, so ist das ein Beweis dafür, daß dieser Schutz nicht mehr funktioniert, nicht mehr vorhanden ist: Viren, Bakterien und deren Gifte greifen die Zellen der Darmwand an und stören die Darmfunktion.

Durchfall ist ein Abwehrmechanismus des Körpers

Damit ist Durchfall ein Abwehrmechanismus des Körpers. Es sollen die belastenden Stoffe rasch ausge-

schwemmt werden. Durchfall reinigt den Darm. Es ist daher nicht sinnvoll, diese flüssige Stuhlentleerung total zu blockieren. Allerdings schafft es der Durchfall allein nicht, sich aller Krankheitserreger und Gifte zu entledigen. Viele durchdringen die geschwächte, angegriffene Darmschleimhaut und lagern sich direkt an die Zellen der Darmwand an. Durch ganz bestimmte, raffinierte Strukturen können die krankmachenden Eindringlinge andocken und senden giftige Stoffwechselprodukte in die Zellen der Darmwand.
Die Folge: Der Darm nimmt kaum mehr etwas auf, gibt aber in gesteigertem Maße Wasser und Nährstoffe ab. Durch den infektiösen Prozeß kommt es zu verstärkten und beschleunigten Darmbewegungen, die zum Teil durch die Giftbakterien hervorgerufen werden.
Wenn der Grund für den Durchfall seelische Ursachen hat, dann liegt ein ganz anderer Mechanismus vor. Der Darm reagiert ja sehr sensibel auf psychische Reize. Dafür ist der direkte Draht vom Hirn zum Darm verantwortlich. Das Sprichwort: »Ich mach' mich an vor Angst!« sagt es ganz deutlich. Wenn jemand Angst hat, aufgeregt ist, dann gerät das vegetative Nervensystem aus dem Gleichgewicht und setzt den Darm unter Wasser. Sobald die seelische Belastung vorbei ist, rebelliert auch der Darm nicht mehr. Der Durchfall ist weg.

Die WHO rät vorrangig zu natürlichen Rezepten

Was kann man nun tun, um möglichst schnell und wirkungsvoll gegen den Durchfall vorzugehen, der auf organischen Ursachen beruht? Ärzte und Wissenschaftler der Weltgesundheitsorganisation (WHO) betonen, daß man zuerst immer natürliche Mittel einsetzen sollte. Da gibt es eine Reihe von bewährten Möglichkeiten:

- Wärme ist sehr wichtig. Beruhigen Sie den überreizten Darm, indem Sie eine mit heißem Wasser gefüllte Gummiwärmflasche auflegen.
- Trinken Sie zweimal täglich 1 Tasse Tormentilltee. Er enthält hohe Konzentrationen an Gerbsäure. Diese wirkt im Darm zusammenziehend und pflegend. 1 Teelöffel Tormentill (Apotheke) wird mit 1 Tasse kochendem Wasser übergossen. 3 Minuten ziehen lassen, durchseihen.
- Essen Sie eine kleine Portion Reisschleim, der allerdings nicht mit Milch, sondern mit Wasser zubereitet werden muß. Würzen Sie mit einer Prise Salz.
- Essen Sie einen geraffelten Apfel oder eine pürierte Banane.
- Essen Sie Zwieback, Toast oder Knäckebrot.

Getrocknete Heidelbeeren als natürliches Antibiotikum

- Kauen Sie über den Tag verteilt 50 bis 100 Gramm getrocknete Heidelbeeren, die es als Naturarznei in der Apotheke gibt.
- Trinken Sie Fencheltee, Kamillentee oder verdünnten Schwarztee, jeweils mit etwas Traubenzucker und einer Prise Salz.
- Bereiten Sie eine Möhrensuppe zu: 500 Gramm Möhren werden in 1 Liter Wasser gargekocht. Dann passiert man sie durch ein Sieb und würzt den Brei mit Traubenzucker und Salz. Die ganze Portion über den Tag verteilt essen.
- Ganz wichtig ist, daß man den Flüssigkeitsverlust ausgleicht. Viele wagen es nicht, bei Durchfall zu trinken. Man muß sogar sehr viel trinken. Am besten eignen sich stille Mineralwässer, Schwarztee oder Früchtetees, aber auch Melissentee oder Hagebuttentee.
- Geben Sie 1 Teelöffel Heilerde für den inneren Gebrauch in ein Glas, gießen Sie mit $^{1}/_{4}$ Liter stillem

Mineralwasser oder Leitungswasser auf. Trinken Sie das Ganze zügig. Oder Sie besorgen sich aus der Apotheke Smektit – das ist eine spezielle Tonerde – in Pulverform. Man nimmt die Tonerde in Wasser oder Tee. Sie ist auch für Kinder geeignet. Die Heilerde und die Tonerde bilden im Magen und Darm nicht nur eine schützende Schicht gegen schädliche Stoffe. Die einzelnen Teilchen, die vom Darm nicht aufgenommen werden können, binden Viren, Bakterien und Gifte. Sie saugen die Stoffe an und transportieren sie über den Darm ab.

Heilerde saugt Giftstoffe auf und schützt den Darm

Und so kann man dem Durchfall vorbeugen: Konsumieren Sie wenig Alkohol, rauchen Sie nicht. Alkohol und Nikotin wirken schädigend auf das vegetative Nervensystem. Und von hier aus wird die Verdauung gesteuert. Meiden Sie übermäßigen, andauernden Streß. Meiden Sie schwere Speisen kurz vor der Nachtruhe. Am besten: 3 Stunden vor dem Zubettgehen gar nichts mehr essen. Vorsicht mit zu großen Mengen an Kaffee. Das Koffein drückt Wasser in den Darm.

Reisedurchfall ist ein spezielles Problem

Ein ganz spezielles Problem ist der vielfach gefürchtete Reisedurchfall.

Er droht vor allem in exotischen Urlaubsländern. Er wird auch »Montezumas Rache« oder »Hammer des Orients« genannt. Ausgelöst werden auch diese Durchfallerkrankungen durch Viren, Bakterien oder Parasiten. Sie geben Giftstoffe – sogenannte Toxine – ab, und diese veranlassen die Schleimhaut des Darmes zu einer verstärkten Flüssigkeitsabgabe. Wenn nicht Komplikationen wie Fieber oder starkes Erbrechen dazukommen, kann man damit meist ohne ärztliche Hilfe zurechtkommen, weil der Körper die Erreger alleine besiegen kann. Es ist aber wichtig, daß man in der Reiseapotheke entsprechende Medikamente dabei hat, welche die lästigen Symptome bekämpfen und bremsend wirken. Holen Sie da rechtzeitig vor der Abreise Rat vom Arzt oder Apotheker ein.

Bei Reisedurchfall muß man viel trinken

Wichtig ist, daß bei Reisedurchfall die verlorengegangene Flüssigkeit schnell wieder ersetzt wird. Das bedeutet: viel trinken. Hier das bewährte Rezept der Weltgesundheitsorganisation: 20 Gramm Zucker und 4 Gramm Salz in 1 Liter Wasser oder Orangensaft verrührt. Das regt die Flüssigkeitsaufnahme der Darmschleimhaut an.

Wer akut unter Durchfall leidet, sollte nichts oder nur wenig essen und muß sich körperlich schonen. Von ausgedehnten Wanderungen oder Sonnenbädern muß gewarnt werden. Eine Therapie mit Antibiotika ist meist nicht nötig.

Zur Vorbeugung des Reisedurchfalls sollte man im Umgang mit Nahrungsmitteln in exotischen Ländern immer an den alten Spruch denken: »Koch es! Brat es! Schäl es! Oder vergiß es!« Grundsätzlich gelten im Rahmen eines verantwortungsbewußten Verdauungs-Trainings folgende Vorsichtsmaßnahmen:

- Meiden Sie alle ungekochten, nicht gebratenen Nahrungsmittel. Hände weg von rohen Salaten und von Rohkostgemüse. Man weiß nie, mit welchem Wasser diese Naturprodukte gewaschen und ob sie nicht mit Fäkalien gedüngt wurden.

Essen Sie nur Früchte, die Sie selbst geschält haben

- Essen Sie niemals Früchte, die bereits geschält oder geschnitten auf der Straße angeboten werden. Essen Sie nur Früchte, die Sie selbst unmittelbar vor dem Verzehren geschält haben. Lassen Sie daher auch die Finger von Obstsalaten, auch wenn diese noch so verlockend aussehen. Meiden Sie auch Obst, das nicht geschält werden kann.

- Trinken Sie grundsätzlich kein Leitungswasser, nur Mineralwasser aus der Flasche, die Sie selbst öffnen. Trinken Sie kein Wasser aus bereits geöffneten Flaschen. Sie wissen nie, was wirklich drinnen ist. Putzen Sie im Hotel auch die Zähne mit selbst geöffnetem Mineralwasser. Sicher ist sicher.
- Meiden Sie offene Milch, Joghurt, Speiseeis und Mayonnaise.
- Vorsicht: Lassen Sie sich keine Eiswürfel ins Getränk geben. Darin befinden sich in exotischen Ländern fast immer zahllose Krankheitserreger, die dann das ganze Getränk verseuchen.
- Verzichten Sie auf kalten Tee, auf rohes Fleisch, auf ungekochte Meeresfrüchte.

Hände weg von kaltem Tee in exotischen Ländern

- Achten Sie darauf, daß Teller und Eßbesteck sauber und trocken sind.
- Kaufen Sie grundsätzlich keine Nahrungsmittel von Straßenhändlern.
- Achten Sie darauf, daß Ihnen beim Schwimmen in freien Gewässern, aber auch im Hotelpool kein Wasser in den Mund kommt.
- Reinigen Sie sich vor den Mahlzeiten die Hände. Am besten mit mitgebrachten Erfrischungstüchern.
- Sicher vor Reisedurchfall sind Sie bei trockener Nahrung wie etwa Brot, bei dampfend heißer Nahrung, bei Speisen mit sehr hohem Zuckergehalt wie Gelee oder Sirup, bei heiß gekochtem Kaffee oder Tee.

6 Verstopfung – die Verdauungsstörung Nr. 1

Man muß sich das vorstellen: Fast 5 Millionen Deutsche klagen über ständige Darmträgheit. Ganz besonders Frauen sind davon betroffen. Es gibt viele Formen der Verstopfung. Man sollte auf der einen Seite nicht hysterisch werden, wenn es hin und wieder nicht klappt. Auf der anderen Seite aber darf man die Obstipation – wie man die Störung in der Medizin nennt – nicht bagatellisieren. Nur mit einem gezielten Verdauungs-Training kann man erfolgreich dagegen vorgehen. Am Anfang dieses Trainings steht ein Test, den jeder selbst durchführen kann!

8 Prozent der Erwachsenen leiden an Verstopfung

Mancher wird sich bei der Lektüre dieses Buches fragen: Warum wird der Verstopfung im Vergleich zu den anderen Verdauungsproblemen so ein breiter Raum eingeräumt? Die Antwort: Es dürfte gar nicht anders sein. Denn die Verstopfung ist nachweislich das wohl größte und am häufigsten verbreitete Verdauungsproblem in den westlichen Industrieländern. Schauen wir uns die Zahlen und Fakten in Deutschland an: Rund 8 Prozent der Erwachsenen ab dem 14. Lebensjahr – und das sind immerhin 4,8 Millionen

Menschen – klagen über ständige Darmträgheit, Verstopfung und Abführprobleme. 69 Prozent der Betroffenen sind Frauen, 31 Prozent sind Männer. 65 Prozent der Betroffenen können ihr Problem nur mit der Einnahme von Abführmitteln lösen. Das sind 3,1 Millionen Deutsche. Und 70 Prozent der Verwender von derartigen Verdauungshilfen sind Frauen, 30 Prozent Männer.

Über 3 Millionen Deutsche nehmen Abführmittel

Es ist also besonders wichtig, daß wir uns in diesem Buch mit der Verstopfung – in der Medizin Obstipation genannt – befassen. Und zwar mit den Ursachen, mit dem Leidensdruck, mit den Folgen dieser gesundheitlichen Störung, mit möglichen natürlichen Maßnahmen und mit der Wahl der richtigen Verdauungshilfen sowie mit dem verantwortungsvollen Umgang mit Abführpräparaten.

Und dabei wird sich zeigen, daß sich das medizinische Wissen zu diesem Thema vielfach grundlegend geändert hat. Es sind so viele neue Erkenntnisse über die Verstopfung und ihre Bekämpfung gewonnen worden, daß das Wort »Verdauungs-Training« hier eine ganz besonders große Bedeutung hat. Gerade, was die Behandlung der Verstopfung betrifft, müssen Ärzte und Patienten umdenken. Nur dann wird es in Zukunft bessere Erfolge bei der Bewältigung dieser gesundheitlichen Störung geben.

Neue Erkenntnisse zwingen zum Umdenken

Die 3 Grundformen der Verstopfung

Wenn jemand dem Arzt oder seinen Freunden oder Bekannten klagt: »Ich habe Verstopfung!«, so muß man diese Aussage erst genau differenzieren. Es gibt nämlich 3 Grundformen der Verstopfung:

- Da gibt es vorerst die Pseudo-Obstipation; die falsche Verstopfung. Das bedeutet: Nicht jeder, der sich einbildet, unter einer Verstopfung zu leiden, hat tatsächlich eine. Wenn der Stuhlgang vorübergehend ausbleibt, so ist das noch lange kein Beweis für eine Verstopfung. Nehmen wir ein Beispiel: Jemand stellt aus gesundheitlichen Gründen oder um abzunehmen seine tägliche Kost komplett um. Er ißt kein Fleisch, nur Gemüse, davon aber auch nicht allzuviel. Keine Frage: Der Darm hat weit weniger als vorher abzugeben. Es kann passieren, daß der Betreffende 2 bis 3 Tage keinen Stuhlgang hat. Das hat mit einer Verstopfung nichts zu tun, ist vollkommen normal. Es ist auch ganz logisch, daß sehr oft nach der Einnahme eines Abführmittels der Darm gründlich entleert wird und daher 1 bis 2 Tage keine Stuhlentleerung nötig hat. Auch das gibt keinen Anlaß zur Sorge.

Alarmsignal für einen Darmverschluß

- Zu einer akuten Verstopfung kommt es meist bei Bettlägrigkeit oder auf einer längeren Reise mit ungewohnter Ernährungsumstellung. Die akute Verstopfung kann aber auch das Alarmsignal für einen Darmverschluß sein oder für eine Verwachsung im Darm. In diesem Fall treten zur Verstopfung auch Schmerzen im Bauchbereich hinzu. Auch Afterbeschwerden können plötzlich und vorübergehend zu einer Obstipation führen. Der Betroffene hat Schmerzen bei der Stuhlentleerung und zieht deshalb den Schließmuskel fest zusammen. Schließlich kann die akute Verstopfung – meist bei Frauen – durch hormonelle Veränderungen eintreten: in den Wechseljahren oder in der zweiten Hälfte des Monatszyklus. Schließlich kann auch die notwendige Einnahme von bestimmten Medikamenten – in erster Linie Husten- und Schmerzmittel – zu einer akuten Verstopfung führen.

Wenn es bei der akuten Verstopfung nicht zu beunruhigenden Begleiterscheinungen kommt wie etwa Bauchschmerzen oder Blut im seltenen Stuhl, dann sollte man abwarten oder vorübergehend ein schonendes Abführmittel nehmen. Auch ein Einlauf kann gute Hilfe leisten.

- Die häufigste Form der Verstopfung ist die chronische Obstipation. Dabei gibt es zwei gravierende Probleme: Viele Patienten genieren sich, darüber mit ihrem Arzt zu sprechen. Und viele Ärzte nehmen die gesundheitliche Störung des Patienten, wenn er darüber redet, nicht sonderlich ernst. Für die chronische Verstopfung gibt es eine Reihe von Ursachen: langjährige Bettlägrigkeit aufgrund einer schweren Erkrankung, ein Mangel an Ballaststoffen in der täglichen Ernährung, zu wenig Flüssigkeitszufuhr, ein verzögerter Transport des Nahrungsbreis im Darm, eine Erschlaffung des inneren Schließmuskels und eine massive Störung bestimmter Nervenknoten in den Darmwänden.

Sehr oft sind Nervenknoten in der Darmwand gestört

Allein schon die Aufzählung der verschiedenen Ursachen für die chronische Verstopfung zeigt, daß man jahrzehntelang dieses Problem mangelhaft gesehen und daher falsch behandelt hat. Ganze Generationen von Ernährungsfachleuten und Sozialmedizinern haben immer gepredigt: Bist du verstopft, dann ernährst du dich zu wenig ballaststoffreich und hast zu wenig Bewegung. Zugegeben: Das kann tatsächlich die Ursache sein. Doch man weiß heute: In weitaus mehr Fällen, als man denkt, sind andere Ursachen dafür verantwortlich. Das bedeutet: Es müssen auch andere Maßnahmen ergriffen werden.

In diesem Zusammenhang ist es sinnvoll, wenn wir uns den Katalog der großen Irrtümer bei der Verstopfung vor Augen führen, den der namhafte, international angesehene deutsche Gastroenterologe Prof. Dr. Stefan Müller-Lissner, Chefarzt für Innere Medizin in der Park-Klinik-Weißensee in Berlin, zusammengetragen hat.

Die 5 großen Irrtümer bei der Verstopfung

Die Unwissenheit über Verstopfung ist groß

Prof. Dr. Stefan Müller-Lissner betont: Unwissenheit in der Medizin hält sich sehr lange. Und da speziell bei Verstopfung viele gar nicht den niedergelassenen Arzt, und schon gar nicht den Facharzt, aufsuchen, werden über die Obstipation oft Ammenmärchen weitererzählt, die jeder Grundlage entbehren. Mit ihnen sollte endlich einmal aufgeräumt werden. Das ist der letzte Stand des wissenschaftlich-medizinischen Zweiges der Gastroenterologie:

1. Irrtum: Wenig oder kein Stuhl ist automatisch eine Verstopfung. Das stimmt nicht. Viele Menschen geraten in Panik, wenn der Stuhlgang in der Menge nicht allzu erfolgreich ist. Und sie verlieren vollkommen die Nerven, wenn sie ein paar Tagen überhaupt nicht können. Zuerst sollte man immer abwarten. Es gibt Menschen, bei denen ist es vollkommen normal, daß sie nur zwei- oder dreimal die Woche zu einer zufriedenstellenden Stuhlentleerung kommen.

2. Irrtum: Stuhl im Darm vergiftet den Körper. Viele Patienten befürchten: Wenn der Stuhl zu lange im Darm verweilt, dann kann das für den gesamten Organismus schädliche Folgen haben. Man liest das auch immer wieder in Büchern. Das konnte allerdings

bisher bei wissenschaftlichen Studien und Tests niemals nachgewiesen werden. Es ist daher nicht sinnvoll, wenn Patienten schon nach ein bis zwei Tagen Stuhlpause unter größten Anstrengungen zu pressen beginnen. Das nämlich kann zu gesundheitlichen Schäden führen.

Viele haben einen langsamen Stuhltransit

3. Irrtum: Viele Betroffene glauben, Verstopfung ist gleich Verstopfung. Das ist ein gewaltiger und gefährlicher Irrtum. Wie vorhin schon aufgezählt, kann es aus vielen Gründen zur Obstipation kommen. Einer der entscheidenden Auslöser – das haben die Forschungen der letzten Jahre ergeben – ist eine Abnormität und Störung des Nervensystems im Verdauungssystem. Dadurch kann es zum Beispiel passieren, daß Patienten mit einem langsamen Stuhltransit zwar über Völlegefühl klagen, aber nur ganz selten Stuhldrang haben.

4. Irrtum: Die Verstopfung ist immer ein Ballaststoffmangel. Dazu betont Prof. Dr. Müller-Lissner: Es ist keine Frage, daß eine entsprechende Ballaststoffzufuhr beim gesunden Menschen für ein klagloses Funktionieren des Darms sehr wichtig ist. Das war schon dem griechischen Arzt Hippokrates und später im 13. Jahrhundert dem persischen Arzt Hakim bekannt. In den dreißiger Jahren versuchte man, Verstopfung mit ballaststoffreicher Kost zu behandeln. Sehr oft ohne Erfolg. Und in den fünfziger Jahren war man überzeugt, daß die Verstopfung eine typische Folge der modernen Ernährung mit viel zu wenig Ballaststoffen sein müsse.

Der große Irrtum der fünfziger Jahre

In den letzten Jahren hat man nachweisen können, daß Menschen mit Verstopfung sehr oft genauso viel Ballaststoffe – also Obst, Gemüse, Vollkorn – zu sich nehmen wie Nichtverstopfte. Zweifelsohne: Jene, die

Bei 25 Prozent der Betroffenen hilft eine Nahrungsumstellung

tatsächlich Verdauungsprobleme aufgrund einer einseitigen, ballaststoffarmen Kost haben, die können mit einer Nahrungsumstellung geheilt werden. Doch das sind nach jüngsten Erfahrungen nur 25 Prozent der Patienten mit einem langsamen Nahrungstransport im Darm und 75 Prozent der Patienten mit Stuhlentleerungsstörungen. Das wieder verlangt nach einem seriösen und korrekten Verdauungs-Training, nach einem »Testprogramm« für den Darm. Sie werden damit in diesem Buch vertraut gemacht.

5. Irrtum: Abführmittel – in der Medizin Laxantien genannt – sind grundsätzlich abzulehnen. Das macht aus der Sicht des Arztes überhaupt keinen Sinn. Es gibt Abführmittel, die sich als schonend und zuverlässig erwiesen haben und die daher von erfahrenen Ärzten empfohlen werden. Dazu gehören Präparate, die auf den Wirkstoff Bisacodyl aufgebaut sind. Wenn nun jemand mit der Zufuhr von Ballaststoffen sowie mit einer Umstellung seines Lebensstiles keinen Erfolg im Kampf gegen die Verstopfung hat, so stellt sich die Frage: Warum sollte er sein Problem nicht mit wissenschaftlich getesteten Laxantien lösen? Jeder vernünftige Mensch wird dabei aus eigenem Interesse die Einnahme nicht übertreiben und wird sich genau an die Anweisungen des Arztes halten. Selbstverständlich wird sowohl der Mediziner als auch der mündige Patient immer vor dem Einsatz Nutzen und Risiko genau abwägen. Und: Solange die empfohlene Dosis beachtet wird, sind Abführmittel mit dem Grundwirkstoff Bisacodyl unbedenklich. In höheren Dosen werden sie nur auf Anordnung des Arztes für eine notwendige, besonders gründliche Darmentleerung eingesetzt: etwa vor Operationen oder Entbindungen.

Die empfohlene Dosis muß beachtet werden

Die Verstopfung muß ernst genommen werden!

Wer unter Verstopfung leidet und bereits viele Hausmittel und Ernährungstricks ohne Erfolg angewendet hat, der sollte einen erfahrenen Arzt um Abklärung seiner gesundheitlichen Störung bitten. Der Betroffene verdient es jedenfalls, daß man sein Problem ernst nimmt. Nur dann wird er auch mit dem nötigen Ernst selbst mithelfen, daß Problem zu bekämpfen. Nur dann kann er für ein konzertiertes Verdauungs-Training gewonnen werden.

Was erwartet nun den Verstopften bei einer medizinischen Untersuchung?

- Wenn er Medikamente einnimmt, welche die Verstopfung verursachen könnten, muß er die Aufnahme einstellen.
- Der Arzt wird nachforschen, ob vielleicht eine organische Erkrankung des Dickdarms vorliegt, etwa ein Tumor.
- Es müssen Funktionsuntersuchungen eingeleitet werden: ob die Bewegungen des Dickdarms funktionieren, ob eine Störung beim Transport des Darminhaltes durch den gesamten Dickdarm vorhanden ist oder ob der Inhalt normal transportiert wird, dann aber durch eine Ausscheidungsstörung im Enddarm gebremst wird. Ist dies der Fall, müssen weitere Spezialuntersuchungen erfolgen, zum Beispiel eine Rektum-Manometrie, eine Druckmessung im Mastdarm.

Eine Druckmessung im Mastdarm kann Aufschluß geben

Patienten mit einer langsamen Darmpassage leiden an einer sogenannten »slow transit constipation«. Prof. Dr. Joachim F. Erckenbrecht, Chefarzt der Klinik für Innere Medizin und Gastroenterologie an den

Florence-Nightingale-Krankenanstalten im Diakoniewerk Kaiserswerth in Düsseldorf, erklärte dazu im Jahr 1995 auf einem internationalen Medizinkongreß in Lausanne, Schweiz: »Patienten mit slow transit constipation, mit einer langsamen Darmpassage, müssen mit Laxantien behandelt werden, welche die Darmbewegungen stimulieren. Dabei ist wichtig, daß dem Patienten die Angst vor einer Selbstvergiftung genommen wird, wenn er nicht jeden Tag Stuhlgang haben kann. Man muß diesen Patienten auch klarmachen, daß es nicht notwendig und nicht sinnvoll ist, die Dosierung der Laxantien zu erhöhen.«

Der Verstopfte gibt sich oft selbst die Schuld

Die seelischen Hintergründe der Obstipation

Verstopfung ist meistens ein lang andauerndes Leiden. Und der verstopfte Zustand ist nicht nur mit all dem bereits erwähnten körperlichen Unwohlsein verbunden, sondern auch mit seelischen Belastungen. Das hat Dr. Christoph B. Melchers am renommierten Institut für psychologische Wirkungsforschung in Freiburg veranlaßt, sich mit den psychischen Hintergründen der Obstipation eingehend zu befassen. Dabei stellte sich heraus, daß häufig zwischen der Seele, der Verstopfung und auch der Einnahme von Laxantien ein unbestreitbarer Zusammenhang besteht. Menschen, die unter Verstopfung leiden, fühlen sich dick, aufgebläht und unattraktiv. Sie haben oft Probleme, sich zu bewegen. Sie haben Angst, die anderen könnten ihnen ansehen, daß sie ein Verdauungsproblem haben. Und wenn sich dann vielleicht sogar noch Hautprobleme dazugesellen, dann wächst die Scheu, unter Leute zu gehen.

Hartnäckige Verstopfungszustände sind auch mitunter mit Ängsten verbunden, die meist in einer einzigen Sorge enden: Mein Organismus wird von innen her vergiftet. Die Verstopfung wird böse Folgen haben. Die Hälfte all jener, die unter Verstopfung leiden, fühlt sich stark oder zumindest ziemlich in ihrer Lebensqualität beeinträchtigt. Allerdings: Als richtige Krankheit wird die Obstipation nur von jedem Siebten angesehen.

50 Prozent der Verstopften fühlen sich schlecht

Es ist ganz eigenartig: Viele Verstopfte suchen die Schuld für ihren Zustand bei sich selbst. Sie machen sich Vorwürfe, daß sie sich falsch ernähren, zu wenig Sport treiben, sich zu wenig bewegen. Andere wieder sind überzeugt, daß sie das Leiden geerbt haben oder daß sie ein Opfer ihrer permanenten Streßsituation sind. Man hört von Menschen in führenden Positionen oft die Aussage: »Meine Termine lassen mir nicht einmal Zeit für meinen Stuhlgang!«

Eine Gruppe von besonders hygienebewußten Menschen scheuen sich auf Reisen, auf fremde Toiletten zu gehen, weil ihnen davor ekelt.

In Gesprächen mit dem Psychologen kommt auch oft zutage, daß der Betroffene immer von dem Gefühl belastet ist: Er hat mit seiner Verstopfung seinen eigenen Körper nicht im Griff.

Ein anderes Problem: Man fühlt sich von den anderen Familienmitgliedern und Mitmenschen nicht ernst genommen. Man hat Angst, verspottet zu werden.

Eine Studie hat ergeben: Zwei Drittel der verstopften Menschen unternehmen aktiv etwas gegen ihr Problem und führen die verschiedensten Behandlungsmaßnahmen durch. Ein Drittel hingegen tut nichts und versucht, den unangenehmen Zustand zu ertragen. Und da stellt sich heraus: All jene, die etwas gegen die

Die meisten haben schon alle Rezepte ausprobiert

Verstopfung tun, sind sehr erfahren und haben meist schon sehr viel ausprobiert, um den trägen Darm zu aktivieren. Sie kennen viele Hausmittel, Ernährungstricks, aber auch die verschiedenen Abführmittel.

Wenn man sich mit der Persönlichkeit des Verstopften näher auseinandersetzt, dann kommen interessante Details zutage. Diese hat man am Institut für psychologische Wirkungsforschung herausgefunden: Wer zur Verstopfung neigt, der ist sehr oft ordnungsliebend. Er sehnt sich nach einem geregelten Lebenswandel und damit auch nach einem geregelten Stuhlgang. Doch er erreicht dieses Ziel nicht. Und er bekommt deswegen ein schlechtes Gewissen.

Ein Beispiel: Es wird allzu oft die Gelegenheit für den Gang aufs WC versäumt. Da ist die Mutter, deren Baby gerade dann zu schreien beginnt, wenn sie eigentlich »muß«. Da ist die berufstätige Frau, die keine Rücksicht auf den Drang nehmen kann, weil sie sonst den Zug zur Arbeit verpaßt. Da ist der Manager, bei dem gerade in dem Augenblick, wo er zum Örtchen gehen will, ein entscheidendes Telefonat kommt. Dann gibt es oft noch die Menschen, die sich von einem spannenden Fernsehfilm oder von einem interessanten Gespräch mit Freunden nicht losreißen können

Verstopfung als Appell an die Mitwelt

Dr. Christoph B. Melchers sieht das so: »All jene, die unter Streß stehen und ihre Stuhlentleerung auf Kosten ihrer Alltagspflichten vernachlässigen, bitten damit ihre Umgebung um Hilfe. Sie richten einen Appell an ihre Umwelt: Seht her, wie sehr ich unter Druck stehe. Nicht einmal dazu komme ich mehr!«

Aus Erfahrung weiß man, daß die Umgebung meist auf diesen Appell nicht entsprechend reagiert. Es ist ja im Grunde genommen keiner daran interessiert, dem anderen Arbeit und Verpflichtungen abzunehmen.

Der träge Darm des gestreßten, überforderten Menschen ist sehr oft ein Ventil. Die Belastungen werden einem Organ aufgebürdet. Und dieses Organ – der Darm – tritt als Reaktion darauf in den Streik.

Daher sind Abführmittel für jene seelisch belasteten Menschen eine Hilfe, eine Möglichkeit, Versäumtes zu korrigieren. Sie geben ihnen die Chance, die mangelnde Ordnung der Verdauung wieder wettzumachen. Man kann damit die Regulierung des Stuhlganges selbst in die Hand nehmen. Der Weg aufs WC wird berechenbar. Damit kann man den »Streik« des Darmes brechen.

In der Psychologie lassen sich 7 verschiedene Typen von Menschen unterscheiden, welche Laxantien verwenden:

Typ 1: Der Rhythmusbewußte. Er will eine exakte Zeiteinteilung für den Stuhlgang erreichen. Das Abführmittel wird zum Rhythmusspender.

Typ 2: Der Leistungsbewußte. Er will sich durch einen unkontrollierten Stuhlgang nicht von seinen Pflichten aufhalten lassen. Er unterdrückt den Drang, wenn er gerade zu tun hat. Das Abführmittel schafft ihm einen Ausweg.

Der Leistungsbewußte will den kontrollierten Stuhlgang

Typ 3: Der Hygienebewußte. Er geht prinzipiell auf keine Toilette, die seinen Ansprüchen nicht genügt. Da läßt er es lieber bleiben. Dafür braucht er dann – im Verzug – das Abführmittel.

Typ 4: Der Pseudoverstopfte und Trägheitsbekämpfer. Er hat ständig das Gefühl, sein Darm ist sein Feind und streikt unentwegt.

Typ 5: Der Last-Minute-Verstopfte. Er läßt seine Bedrängnis anwachsen und wartet auch mit dem Einsatz von Abführmitteln bis zuletzt.

Typ 6: Der Genußmensch. Er inszeniert mit dem Abführmittel ganz gezielt einen entsprechenden »Abgang«.

Typ 7: Der Sicherheitsbewußte. Er hat gar keine Verstopfung. Aber er hat Angst, daß er sie bekommen könnte. Und daher sieht er in der Einnahme eines Abführmittels eine sinnvolle und gerechtfertigte Vorbeugung.

Die bekanntesten Hausmittel gegen Verstopfung

Die Naturmedizin wartet mit einer Reihe von natürlichen Hausmitteln auf, die schon seit langer Zeit angewendet werden und für die auch Erfahrungswerte vorliegen.

Der Trick mit dem abgestandenen Wasser

- Gießen Sie abends vor dem Zubettgehen $^1/_4$ Liter Leitungswasser oder stilles Mineralwasser in ein Glas und lassen Sie es zugedeckt bei Zimmertemperatur stehen. Am nächsten Morgen trinken Sie dieses Glas mit abgestandenem Wasser unmittelbar nach dem Aufstehen auf nüchternen Magen.
- Trinken Sie einige Tage jeden Tag jeweils $^1/_2$ Liter Salbeitee. Stellen Sie morgens $^1/_2$ Liter kaltes Wasser in einem Topf auf die Herdplatte. Rühren Sie 1 gehäuften Eßlöffel getrocknete Salbeiblätter (Apotheke, Reformhaus, Drogerie) ein. Bringen Sie das Ganze zum Kochen und lassen Sie es dann genau 3 Minuten kochen. Vorsicht, nicht vom Herd weggehen, denn es schäumt und geht leicht über. Trinken Sie den Salbeitee aus einer Thermoskanne in 3 Portionen über den Tag verteilt.
- Versuchen Sie es mit Matetee, dem Tee aus den Blättern des südamerikanischen Matebaumes aus der Apotheke. 2 Teelöffel Mateblätter werden mit einer Tasse kochendem Wasser aufgegossen. Nicht mehr als 3 Minuten ziehen lassen. 3 Tassen am Tag.

Leinsamen hat schon vielen geholfen

- Weichen Sie 1 Eßlöffel goldgelben Leinsamen (Drogeriemarkt) in 1/4 Liter lauwarmem Wasser ein. Über Nacht stehen lassen. Am nächsten Morgen kauen Sie den aufgequollenen Leinsamen und trinken das Leinsamenwasser, aber auch zusätzlich noch mehr Wasser dazu.
- Weichen Sie abends 5 Dörrpflaumen oder 5 getrocknete Feigen in 1 Tasse mit lauwarmem Wasser ein. Decken Sie die Tasse zu und lassen Sie sie bei Zimmertemperatur über Nacht stehen. Am nächsten Morgen kauen Sie die aufgeweichten Feigen oder die Pflaumen intensiv und trinken das fruchtige Wasser nach.
- Legen Sie mehrmals am Tag eine mit heißem Wasser gefüllte Gummiwärmflasche auf den Bauch.
- Essen Sie morgens auf nüchternen Magen 1 Becher probiotisches Joghurt mit 1 Eßlöffel Weizenkleie verrührt.
- Schlucken Sie 1 bis 2 Eßlöffel Rizinusöl.
- Lassen Sie sich einen Einlauf machen. Am besten eignen sich dazu 1/2 Liter lauwarmes Wasser oder Kamillentee.

Für einen Einlauf eignen sich Wasser oder Kamillentee

- Trinken Sie mehrmals am Tag 1 Glas Sauerkrautsaft oder kauen Sie dreimal täglich 1 Eßlöffel rohes Sauerkraut.
- Trinken Sie Schlehdorntee: 1 Teelöffel Schlehdornblüten (Apotheke) werden mit 1 Tasse kochendem Wasser überbrüht. 10 Minuten zugedeckt ziehen lassen. Duchseihen. 2 bis 3 Tassen pro Tag in kleinen Schlucken konsumieren.
- Nehmen Sie morgens auf nüchternen Magen 1 Eßlöffel kaltgepreßtes Olivenöl.

Manchem haben diese zum Teil uralten Hausmittel geholfen, die Verstopfung wieder in den Griff zu bekommen. Doch die moderne Medizin weiß: Es gibt Betroffene, denen kein einziges dieser Rezepte wirklich hilft. Da gibt es nur die Möglichkeit, mit schonenden Abführmitteln vorzugehen.

Mit Bewegung und Atemübungen gegen Verstopfung

Bewegung ist Leben, und Leben ist Bewegung. Dieser Kernsatz ist für die Gesundheit, Fitneß und Vitalität des Menschen von großer Bedeutung. Er kann aber in manchen Fällen der Verstopfung erfolgreich angewendet werden. Zumindest schadet es nicht, wenn man es mit Bewegung versucht.

Schwimmen, Radfahren und Wandern

- Setzen Sie sich regelmäßig aufs Fahrrad und treten Sie fest in die Pedale. Am gesündesten ist es natürlich in freier Natur. Doch auch das Trainieren auf dem Trimmrad zu Hause oder im Fitneßclub kann sinnvoll sein.
- Gehen Sie regelmäßig zum Schwimmen.
- Nutzen Sie schönes Wetter am Wochenende für Wanderungen durch die Natur.
- Zu Hause im Bett oder auf dem Boden hat sich folgende Gymnastikübung bestens bewährt: Legen Sie sich auf den Rücken. Stützen Sie die Hände in die Hüften, strecken Sie die Beine hoch und machen Sie 10 Minuten lang Radfahrbewegungen in der Luft.
- Versuchen Sie es mit einer uralten chinesischen Heilgymnastikübung: Stellen Sie sich aufrecht hin und tun Sie so, als würden Sie mit Pfeil und Bogen schießen. Zuerst nach links: den Pfeil mit der rechten Hand nach rechts ziehen und damit den Bogen

spannen. Dabei einatmen. Den Pfeil loslassen und mit ihm, sobald er davonfliegt, ausatmen. Dann macht man dieselbe Übung gleich anschließend mit der linken Hand nach rechts. Sie müssen die Übung jeweils fünfmal in jede Richtung durchführen, und zwar nach dem Essen. Also immer dann, wenn die Verdauungsorgane Nahrung bekommen haben und zu arbeiten beginnen.

Auch Akupressur kann gegen Verstopfung helfen

- Sie sollten auch die chinesische Akupressur nutzen. Da gibt es zwei Energiepunkte gegen Verstopfung. Sie heißen M 25 und liegen 3 Fingerbreit rechts und links vom Nabel. Man übt mit den Zeigefingern gleichzeitig auf die Punkte einen vibrierenden Druck aus, und zwar 1 bis 2 Minuten. Die Übung sollte öfter wiederholt werden. Von hier führen Nervenbahnen direkt zu jenen Teilen des Gehirns, von wo aus die Verdauung gesteuert und beeinflußt wird.
- Eine sehr bewährte Gymnastikübung gegen Verstopfung trainiert die Bauchmuskeln. Legen Sie sich auf einer harten Unterlage – am besten auf dem Fußboden – auf den Rücken. Heben Sie die Beine an und winkeln Sie sie im Kniegelenk sowie im Fußgelenk an. Dann überkreuzen Sie die Füße und heben den Kopf hoch. Jetzt strecken Sie die Arme vor und zeigen damit mit den Handflächen nach vorn. In dieser Stellung sollten Sie 10 Sekunden ausharren. Dann langsam wieder in die Ausgangsposition gehen. Die Übung sollte fünfmal wiederholt werden.

Umfassen Sie in Rückenlage Ihre angezogenen Knie

- Eine weitere Übung: Legen Sie sich auf den Rücken und umfassen Sie mit beiden Armen und Händen beide angezogene Knie. Atmen Sie aus und ziehen Sie die Knie fest zum Brustkorb. Dann beim Ausatmen müssen Sie die Arme ausstrecken, dürfen

Spezielle Gymnastikübungen fördern die Verdauung

dabei aber nie die Knie loslassen. Das heißt: Sie drücken dann zugleich auch die Knie von sich weg. Ganz wichtig: Wenn Sie die Knie zur Brust ziehen, müssen Sie den Kopf heben. Auch diese Übung sollte mehrmals wiederholt werden.

- Wer diese Übungen nicht durchführen möchte, der sollte zumindest Laufen, auf einem Bein hüpfen, stehend auf den Zehen auf und ab wippen. Es ist auch verdauungsfördernd, wenn man in die Hocke geht und sich in dieser Haltung auf den Zehenspitzen ein Stück fortbewegt.
- An der amerikanischen Berkeley-Universität hat man nachgewiesen, daß vielen Menschen regelmäßiges Seilhüpfen hilft, die Verdauung zu verbessern und Verstopfung besser zu meistern.
- Es macht durchaus Sinn, Atemübungen durchzuführen. Hier die klassische Übung zur Förderung der Verdauung: Legen Sie sich mit gestreckten Beinen in Rückenlage auf den Boden. Die Arme und Hände liegen seitlich von Ihrem Körper. Die Fußspitzen sollten nach außen fallen. Nun schließen Sie die Augen und machen Sie sich Ihre Lage bewußt. Und dann horchen Sie in sich hinein, wie Sie ausatmen und einatmen. Stellen Sie sich dabei ganz genau vor, wie sich Ihr Brustraum mit frischer Luft füllt, wie sich der Brustkorb dabei weitet. Legen Sie eine Hand auf den Bauch, so daß Sie die Atembewegungen auch ganz genau spüren und mitverfolgen können. Denn der Bauch hebt und senkt sich. Versuchen Sie, so lange wie möglich auszuatmen. Sie werden dann nämlich merken, daß das Einatmen ganz automatisch erfolgt.
- Außer Bewegung und Atmen sind mitunter auch Massagen wirkungsvoll. Legen Sie sich mehrmals

am Tag in Rückenlage auf den Boden und massieren Sie sanft mit beiden Händen den Bauch.

Sanfte Massagen von Bauch und Wirbelsäule helfen

- Oder massieren Sie mehrmals am Tag im Sitzen mit beiden Händen die Wirbelsäule vom Steißbein weg nach oben. Aber nicht nur die Wirbelsäule direkt, sondern auch die Muskelpartien zu beiden Seiten der Wirbelsäule.
- Mischen Sie 2 Eßlöffel Olivenöl mit 2 Tropfen Rosmarinöl oder Thymianöl (Apotheke, Drogerie) und massieren Sie damit langsam und vorsichtig den gesamten Bauch, besonders rund um den Nabel. Oder Sie mischen 2 Tropfen Majoranöl mit 3 Eßlöffeln Weizenkeimöl. Diese Ölmassagen sind für schwangere Frauen nicht geeignet.

Es muß noch einmal betont werden: Derartige natürliche Methoden können mitunter hervorragend helfen, die Verstopfung wieder loszuwerden. Doch die ärztliche Erfahrung zeigt, daß das bei vielen Menschen nicht funktioniert. Der deutsche Gastroenterologe Prof. Dr. Müller-Lissner betont sogar: Sogenannte konventionelle Therapieverfahren wie Bauchdeckenmassage oder Akupunktur sind in ihrer Wirkung wissenschaftlich nicht erwiesen.

Mit gesunder Ernährung gegen Verstopfung

Keine Frage: Für die Gesundheit eines Menschen mit einem gut funktionierenden Verdauungssystem ist eine gesunde, ausgewogene, vielfältige Ernährung sehr wichtig. Eine spezielle Rolle spielen dabei die Ballaststoffe, die mit der täglichen Nahrung zugeführt werden. Sie haben nämlich beim gesunden Menschen einen erheblichen Einfluß auf das Stuhlvolumen

Ballaststoffe vergrößern das Stuhlvolumen

und auf die Transportzeit des Speisebreies im Darm. Das Stuhlgewicht bei Ballaststoffen erhöht sich durch das Wasser, das aufgenommen wird.

Und da ist nun jahrzehntelang in der Medizin und in der Ernährungswissenschaft ein Fehler gemacht worden. Die Tatsache, daß durch extrem ballaststoffarme Kost das Stuhlvolumen und Stuhlgewicht reduziert werden kann, erlaubt ganz und gar nicht den Rückschluß, daß verstopfte Menschen zu wenig Ballaststoffe essen. Das trifft nur auf einen kleinen Teil der Patienten zu. Die anderen leiden unter Bewegungsstörungen im Darm, verursacht durch Nervenstörungen des Dickdarms, durch Erkrankungen innersekretorischer Drüsen oder des Nervensystems, aber auch durch die unerwünschte Wirkung von Medikamenten.

Der Weg über die gesunde Ernährung lohnt immer

Grundsätzlich lohnt es sich jedoch immer, im Kampf gegen Verstopfung auch den Weg über die gesunde Ernährung zu suchen. Vor allem, wenn es um die Vorbeugung der Verstopfung geht.

Und das sind die wichtigsten Kriterien der gesunden Ernährung gegen die Obstipation:

- Wir trinken alle viel zu wenig Wasser oder ungesüßte Kräutertees. Unser Darm braucht – wie der gesamte Organismus – regelmäßig reichlich Flüssigkeit. Notwendig sind täglich 1 $^1/_2$ bis 2 Liter Wasser. Besonders Senioren müssen im Interesse ihrer Verdauung darauf achten. Sie haben oft kein Durstgefühl mehr und vergessen das Trinken. Bei ihnen besteht dann die große Gefahr, daß der Darm austrocknet.
- Wer auf eine gesunde Ernährung Wert legt, der sollte einfach die Faustregel beherrschen: mehr Obst und Gemüse, möglichst roh verzehrt oder scho-

nend zubereitet. Weniger Fleisch, wenig tierische Fette, dafür mehr Fisch, pflanzliche Öle, Vollkornprodukte. Verzichten Sie auf allzu viele Süßigkeiten und auf einen zu exzessiven Gebrauch von Zucker. Gehen Sie sparsam mit Hefebackwaren um. Trinken Sie nicht zuviel Kaffee und Alkohol.

- Essen Sie nach Möglichkeit spät abends keine Mahlzeiten. Legen Sie sich unmittelbar nach dem Essen nicht hin. Und essen Sie in aufrechter Haltung.
- Speziell diese gesunde Ernährungsform erfordert eine grundsätzliche Maßnahme: Gut gekaut ist halb verdaut. Wer langsam ißt, wer die Speisen genießt, wer jeden Bissen dreißig- bis fünfzigmal kaut, der nimmt dem Darm bereits ein schönes Stück Arbeit ab und trägt zur Verbesserung der Verdauung bei.

Wer gut kaut, nimmt dem Darm viel Arbeit ab

- Es gibt kleine Tricks in der Ernährung, mit denen man die Verdauung anregen kann: Dazu gehören süßer Paprika, weißer und schwarzer Pfeffer, Curry, Senf, Meerrettich, eine fettfreie Gemüsebouillon und Bittergetränke wie etwa Salbeitee, Artischockensaft oder folgender Aperitif: 1 Glas Tomatensaft oder Mischgemüsesaft mit dem Saft $^{1}/_{2}$ Zitrone und 2 Teelöffel Selleriesaft.
- Sehr wichtig ist im Rahmen einer gesunden Ernährung für einen gut funktionierenden Darm das Frühstück. Es ist im Grunde genommen die wichtigste Mahlzeit des Tages. Daher sollte man darauf niemals verzichten. Also: Rechtzeitig am Morgen aufstehen. Alle, denen die Ernährung hilft, gegen Verstopfung anzukämpfen, sollten regelmäßig Müsli essen. Es ist vollkommen egal, ob das Müsli mit Milch, Joghurt oder Obstsäften angerichtet wird.

Stehen Sie morgens rechtzeitig auf

- Bei manchen Menschen bringt es enorm viel für die Verdauung, wenn sie ihre Ernährung auf Vollkornprodukte umstellen: auf Vollkornbrot, Vollkornteigwaren und vieles andere. Allerdings muß man auch warnen. Wer sein ganzes Leben lang Weißmehlprodukte verzehrt hat, der kann entweder gar nicht mehr oder nur sehr vorsichtig auf Vollkorn umsteigen. Seine Magenwände und die Darmwände sind auf diese anstrengende Arbeit nicht eingestellt. Es kann – zumindest anfangs – zu schweren Verdauungsstörungen oder zu Beschwerden führen. Daher sollte jeder, der auf Vollkornnahrung umsteigt, zuerst einen sanften Weg wählen. Hirse zum Beispiel eignet sich dazu ganz wunderbar, weil sie leicht verdaulich ist.

Hirse ist besonders leicht verdaulich

Doch es muß bei aller Wertschätzung der gesunden, vielfältigen Vollwerternährung mit Vollkornprodukten, Rohkost und vielen Ballaststoffen einem Irrtum vorgebeugt werden: Diese Ernährungsform ist ganz wichtig für den gesunden Menschen, damit er möglichst lange gesund bleibt. Doch man kann in vielen Fällen allein mit dem Verzehr von Ballaststoffen, Obst und Gemüse niemals Verstopfung aus der Welt schaffen. Das wäre bei vielen Betroffenen ein sinnloser Gewaltakt.

Der sicherste Weg: das Verdauungs-Training

Viele, die an Verstopfung leiden, vieles ohne Erfolg ausprobiert haben, werden jetzt mit Recht fragen: Wenn nun die alten Hausmittel, die ballaststoffreiche Ernährung, Atemübungen, Massagen, Gymnastikübungen und Freizeitsport nichts nützen, muß ich dann gleich zu einem Abführmittel greifen, um mein Problem zu lösen?

Die klare Antwort darauf lautet: Nein. Das ist nicht der richtige Weg. Für einen gesunden Darm, für eine gute Verdauung muß man Zeit investieren.

Für einen gesunden Darm muß man sich Zeit nehmen

Daher ist es notwendig, im Kampf gegen die Verstopfung ein ganz spezielles Verdauungs-Training aufzubauen. Damit schaltet man von Anfang an Enttäuschungen und Mißerfolge aus. Der Sinn dabei ist: Man versucht, Schritt für Schritt gegen die Verstopfung vorzugehen. Man handelt dabei verantwortungsvoll und entsprechend den neuesten Erkenntnissen der Gastroenterologie. Man verhindert unangenehme und schädliche Nebenwirkungen. Und man weiß: Es wird ein Erfolgserlebnis geben. Bei dem einen früher, beim anderen später.

Dieses Verdauungs-Training gegen die Verstopfung besteht aus einem 5-Stufen-Programm:

1. Zum Start: der Verdauungstest
2. Einsatz von bewährten, harmlosen Hausmitteln
3. Bewegungsprogramme
4. Umstellung der Ernährung
5. Schonende, moderne Verdauungshilfen

Lassen Sie sich mit diesem 5-Stufen-Programm des Verdauungs-Trainings vertraut machen. Nur auf diesem Weg können Sie verhindern, daß Ihre Verstopfung falsch gedeutet und falsch behandelt wird.

Mit einem 5-Stufen-Programm gegen die Verstopfung

1. Stufe im Verdauungs-Training: Verstopfung im Test

Wenn Sie eines Tages bemerken: Ihre Verdauung hat sich geändert. Sie haben nicht so oft Stuhlgang wie vorher. Und wenn Sie nun Angst haben, an Verstopfung zu leiden, dann stellen Sie sich einfach die folgenden Fragen und beantworten Sie diese ehrlich.

1. Frage:

Leiden Sie schon seit längerer Zeit an der Verstopfung?

Die Antwort bei *Nein*: Freuen Sie sich. Sie brauchen gar nicht weiterzulesen. Man muß nicht täglich müssen. Auch alle 3 Tage einmal ist aus medizinischer Sicht noch vollkommen normal.

Die Antwort bei *Ja*: Wenden Sie sich der nächsten Frage zu.

2. Frage:

Bei Streß wird der Stuhlgang oft verdrängt

Verdrängen Sie gelegentlich den Stuhlgang, zum Beispiel weil sie beruflich unter Druck stehen oder weil Sie zu Hause so viel Streß haben?

Die Antwort bei *Ja*: Gewöhnen Sie sich an feste Stuhlgangzeiten. Prof. Dr. Michael Kunze, Vorstand des Institutes für Sozialmedizin an der Universität Wien, spricht vom Toilettentraining. Außerdem: Machen Sie Schluß mit dem Stuhl-Verdrängen. Gehen Sie aufs »Örtchen«, wann immer Sie müssen. Der natürliche Drang muß Vorrang haben.

Die Antwort bei *Nein*: Wenden Sie sich der nächsten Frage zu.

3. Frage:

Haben Sie Schmerzen beim Stuhlgang?

Schmerzen beim Stuhlgang: Sofort zum Arzt!

Die Antwort bei *Ja*: Das könnte die unterbewußte Erklärung dafür sein, daß Sie den Stuhlgang unterdrücken. Gehen Sie unbedingt zum Arzt. Vielleicht haben Sie Hämorrhoiden im Anfangsstadium. Vielleicht leiden Sie an entzündeten Einrissen am Enddarm, in der Medizin Analfissuren genannt. Nach einer fachgerechten Diagnose wird Ihnen der Arzt Salben oder Zäpfchen verordnen.

Die Antwort auf *Nein*: Wenden Sie sich der nächsten Frage zu.

4. Frage:

Leiden Sie an einer Krankheit, sind Sie in ärztlicher Behandlung und müssen Sie ständig Medikamente nehmen?

Die Antwort auf *Ja*: Es gibt Krankheiten, die Verstopfung verursachen. Dazu gehört beispielsweise Diabetes. Aber es gibt auch eine Reihe von Medikamenten, die gegen chronische Leiden oder Schmerzen eingesetzt werden, die als Nebenwirkung zu einer Verstopfung führen können. Sprechen Sie mit Ihrem Arzt über dieses Problem, damit Sie gemeinsam eine Lösung finden.

Die Antwort auf *Nein*: Wenden Sie sich der nächsten Frage zu.

5. Frage:

Sind Sie schwanger? Oder könnte das zumindest der Fall sein?

Schwangerschaft beginnt häufig mit Verstopfung

Die Antwort auf *Ja*: Vor allem während der ersten Monate einer Schwangerschaft kann es zu einer massiven Verstopfung kommen. In diesem Fall kann es Ihnen sehr helfen, mit Schwangerschaftsgymnastik und mit gesunder Ernährung die Darmträgheit schnell wieder wegzubekommen.

Die Antwort auf *Nein*: Wenden Sie sich der nächsten Frage zu.

6. Frage:

Haben Sie häufig Schmerzen im Unterbauch oder im Mittelbauch?

Die Antwort auf *Ja*: Sie haben möglicherweise ein Darmleiden. Sie müssen unbedingt den Arzt aufsuchen und sich genau untersuchen lassen.

Die Antwort auf *Nein*: Wenden Sie sich der nächsten Frage zu.

7. Frage:

Ernähren Sie sich ungesund? Haben Sie zu wenig Bewegung? Haben Sie zu viel Streß? Üben Sie in Ihrem Beruf eine sitzende Tätigkeit aus?

Eine sitzende Tätigkeit im Beruf kann zum Problem werden

Die Antwort auf *Ja*: Versuchen Sie es mit viel Flüssigkeit, am besten Wasser, mit reichlich Obst, Gemüse und Vollkornprodukten. Meiden Sie Streß. Treiben Sie regelmäßig Freizeitsport. Wenn Sie damit keinen Erfolg erzielen, dann müssen Sie sich – zumindest zeitweise – für ein Abführmittel entscheiden.

Die Antwort auf *Nein*: Wenden Sie sich der nächsten Frage zu.

8. Frage:

Nehmen Sie Abführmittel?

Die Antwort auf *Ja*: Nicht alle Abführmittel helfen! Manche können sogar dem Organismus schaden. Osmotische Mittel zum Beispiel ziehen Flüssigkeit aus dem Kreislauf in den Darm ab, damit der Verdauungsbrei verdünnt wird. Die Folge: Das Blut kann sich eindicken. Es kann zu Thrombosen oder Kreislaufproblemen kommen. Auch etliche natürliche Abführmittel sind oft nicht ideal. Sie enthalten neben dem Wirkstoff gegen Darmträgheit auch noch andere Substanzen, die Nebenwirkungen haben. Zum Beispiel: Die Darmwände können gereizt werden.

Die Antwort auf *Nein*: Sie leiden vermutlich an einer Störung des Reflexkreises, der über Nervengeflechte den Transport des Verdauungsbreies durch den Darm steuert. Oder Sie haben Störungen in den innersekretorischen Drüsen. Bei Ihnen können die oben angeführten natürlichen Methoden nicht zum Ziel führen. Entscheiden Sie sich für ein schonendes Abführmittel. Es sollte den Wirkstoff Bisacodyl enthalten, wie man ihn zum Beispiel in allen Dulcolax-Präparaten findet.

Wenn die innersekretorischen Drüsen gestört sind …

Der Wirkstoff Bisacodyl schont den Darm, sorgt dafür daß er nicht inaktiv wird, sondern im Gegenteil seine Arbeit wieder verstärkt. Es gibt keine durch den Wirkstoff bedingte Gewöhnung.

2. Stufe im Verdauungs-Training: Hausmittel

Versuchen Sie zuerst einmal, mit nebenwirkungsfreien Hausmitteln, die sich bewährt haben, Ihr Problem zu lösen: mit dem Trinken von abgestandenem Wasser, mit dem Kauen von aufgeweichten Dörrpflaumen oder Feigen. Sie finden alle diese Hausmittel im dem speziellen Kapitel dafür (Seite 154–156).
Jeder, der an Verstopfung leidet, sollte sich diesen natürlichen Rezepten zuwenden. Manche schmecken sogar gut. Aber nicht enttäuscht sein, wenn sie absolut nichts nützen. Dann waren die Hausmittel nicht schlecht und grundsätzlich wirkungslos. In Ihrem Fall machen sie einfach keinen Sinn.

3. Stufe im Verdauungs-Training: Bewegung

Bewegung ist wichtig für einen gesunden Blutdruck

Wer an Verstopfung leidet, tut – wie jeder andere auch – in jedem Fall gut daran, wenn er sich mehr bewegt. Das nützt dem gesamten Organismus, stärkt Herz und Kreislauf, ist wichtig für gesunde Blutdruck- und Cholesterinwerte. Es ist daher grundsätzlich eine wertvolle Investition in Ihre Gesundheit, wenn Sie regelmäßig Freizeitsport treiben: Radfahren, Wandern, Laufen, Gymnastik.
In diesem Zusammenhang ist es immer sinnvoll, auch auf gesundes Atmen zu achten, denn das ist schon zum

Stärken der Bronchien wichtig. Machen Sie also Atemübungen. Wenn Sie Zeit haben, dann führen Sie auch zarte Bauchmassagen – mit oder ohne ätherische Öle – durch. Sie finden zu diesen Aktivitäten nähere Anregungen im zugehörigen Kapitel (Seite 156–159).
Es kann aber leicht sein, daß Sie sich zwar durch diesen neuen Fitneßlebensstil sehr wohl fühlen, daß sie aber nach wie vor an Verstopfung leiden. Da bleibt Ihnen nichts übrig, als das Verdauungs-Training weiter fortzusetzen.

4. Stufe im Verdauungs-Training: Ernährung

Die Versorgung mit Bio-Aktiv-Substanzen muß stimmen

Es ist wie bei der Bewegung. Gesunde Ernährung mit einem ausgewogenen, vielseitigen Speiseplan ist immer gut für den Organismus. Nur so kann er in genügender Menge mit den lebenswichtigen Vitaminen, Mineralstoffen, Spurenelementen, Enzymen und Bio-Aktiv-Substanzen versorgt werden.
Wer möglichst lange gesund bleiben will, der sollte sich für eine gesunde Ernährung entscheiden. Und bei einer Reihe von Betroffenen mit Verstopfung kann das auch die Lösung sein, das Problem auf einfache Weise in den Griff zu bekommen.
Wenn Sie also an Verstopfung leiden, mit dem spontanen Einsatz von Hausmitteln, mit Massagen, Atemübungen und Bewegung nichts oder nur wenig erreicht haben, dann sollten Sie in kleinen Schritten den Umstieg in die Vollwertnahrung mit reichlich Ballaststoffen und viel natürlichen Produkten durchführen. Näheres dazu finden Sie in einem speziellen Kapitel (Seite 159–162).
Aber zugegeben: Sie müssen dabei sehr vorsichtig vorgehen. Es kann nämlich nicht nur passieren, daß

Sie weiterhin verstopft bleiben. Es kann sogar sein, daß Sie aufgrund der verstärkt zugeführten Ballaststoffe und der schlackenreichen Kost ganz unerträgliche Beschwerden bekommen. Das sind dann oft Darmprobleme wie starke Blähungen, Bauchschmerzen. Ja, die vorhandene Verstopfung kann sogar noch hartnäckiger werden. Kein Wunder, wenn die Betroffenen dann verzweifelt sind. Doch sie wissen dann eines ganz genau: Sie haben alle natürlichen Methoden versucht. Sie haben ganz spezielle gesundheitliche Störungen in den Darmwänden. Und das bedeutet aus medizinisch-wissenschaftlicher Sicht: Sie können ihr Problem ausschließlich mit gezielten Verdauungshilfen, mit Abführmitteln lösen.

Mitunter verstärken Ballaststoffe die Verstopfung

5. Stufe im Verdauungs-Training: Abführmittel

Im Verlaufe des Verdauungs-Trainings wird nun in vielen Fällen klar und deutlich zu erkennen sein: Der Betroffene kann ausschließlich mit einem Abführmittel Hilfe finden. Daraus ergibt sich nun die Frage: Welche Laxantien setzt man ein? Es gibt so viele verschiedene Präparate. Es gehört daher auch zum Verdauungs-Training gegen Verstopfung, daß man sich über die Palette der Verdauungshilfen einen Überblick verschafft.

Man kann die Präparate zur Behandlung von Obstipation in 3 große Gruppen einteilen:

- Füll- und Quellmittel
- Osmotisch wirkende Mittel
- Hydragoge Laxantien

Und das sollte man über die einzelnen Gruppen der Verdauungshilfen wissen:

Füll- und Quellmittel

Füll- und Quellmittel brauchen viel Flüssigkeit

Zur Gruppe der Füll- und Quellmittel gehören die Weizenkleie, der Leinsamen und Zellulosederivate. Der Vorteil ist die absolut lokale Wirksamkeit im Darm. Das heißt: Die Mittel werden nicht aufgenommen. Dadurch können auch Nebenwirkungen vermieden werden, wenn man für genügend Flüssigkeitszufuhr sorgt.
Die Wirkung der Füll- und Quellmittel ist erst nach Tagen zu erwarten. Auch der Erfolg der Anwendung hängt von einer reichlichen Flüssigkeitsaufnahme ab. Sonst können die Naturstoffe im Darm nicht aufquellen. Ein Problem ist das immer wieder bei älteren Menschen, die ein geringes Durstempfinden haben und daher nicht genügend Wasser trinken. Patienten mit Herzproblemen dürfen nicht zuviel Flüssigkeit aufnehmen.
Und so funktionieren die Quell- und Füllmittel: Sie binden im Dickdarm Wasser und vergrößern dadurch sowohl die Stuhlmenge als auch den Reiz auf die Darmwand. Durch die Dehnung des Darms kommt es zu einer Zusammenziehung von Muskelfasern, und das regt erneut die Tätigkeit des Darms an.

Die zentrale Steuerung der Darmbewegung ist gestört

Wieder aber muß betont werden: Wenn jemand Störungen in den Nerven der Dickdarmwände oder eine Erkrankung in den innersekretorischen Drüsen hat, dann wird er mit den Quell- und Füllmitteln keinen Erfolg haben, weil die zentrale Steuerung der Darmbewegung nicht funktioniert.

Osmotisch wirkende Mittel

Zu den osmotisch wirkenden Mitteln gehören Natriumsulfat in Form von Glaubersalz und Magnesiumsulfat in Form von Bittersalz, aber auch Präparate, die Zucker und Fruchtsäuren enthalten.

Die Wirkung dieser Abführmittel beruht auf einem altbekannten Mechanismus: einer osmotisch bedingten Flüssigkeitsverschiebung vom Blut des Darmes ins Darmgewebe. Aus dem Kreislauf wird Flüssigkeit abgezogen und dem Darm zugeführt. Dadurch ist es möglich, daß der Darminhalt verflüssigt werden kann. Damit wiederum kann das Speisebreivolumen vergrößert werden. Und das regt erfahrungsgemäß in vielen Fällen die Darmtätigkeit an. Das Ergebnis ist ähnlich wie bei den Quellmitteln.

Die Flüssigkeit wird aus dem Gewebe geholt

Allerdings besteht ein entscheidender Unterschied: Bei den Quellmitteln kommt die Flüssigkeit direkt aus dem Darm. Bei den osmotisch wirkenden Mitteln wird sie eben aus dem Gewebe und aus den Blutgefäßen geholt. Man muß also parallel zur Einnahme der Mittel große Mengen an Flüssigkeit zu sich nehmen, um den Verlust auszugleichen.

Osmotisch wirkende Abführmittel werden in Krankenhäusern und Sanatorien nur selten eingesetzt. Von einer Daueranwendung ist abzuraten, da die Salze der Präparate zum Teil vom Organismus aufgenommen werden. Und das kann wieder für Patienten mit Bluthochdruck, Herzmuskelschwäche und Nierenerkrankungen gefährlich werden.

Und noch einen Nachteil hat man bei der Einnahme von Glauber- und Bittersalzen – aber auch bei Rizinusöl – entdeckt, der in der modernen Zeit für Frauen und Mädchen sehr verhängnisvoll sein kann. Die Mittel wirken entweder ausschließlich oder auch im Dünndarmbereich, von dem aus nicht nur lebenswichtige Vitamine und Mineralstoffe, sondern auch die Inhaltsstoffe von Medikamenten in den Organismus übergehen. Wird hier die Passage bei Verstopfung beschleunigt, dann wird die Aufnahme all dieser

Die Anti-Baby-Pille kann wirkungslos werden

Substanzen verhindert. Bei der Anti-Baby-Pille bedeutet das: Ihre Wirkung – also der Schutz vor Empfängnis – ist nicht mehr voll gewährleistet.
Die Aufnahme von Zucker und Fruchtsäuren ist ungefährlich, kann aber zu unangenehmen Nebenwirkungen führen. Es handelt sich dabei um Laktulose, Laktitol und andere Zuckerarten, die vom menschlichen Dünndarm nicht gespalten werden können. Sie binden ebenfalls Wasser. Wenn jemand eine lange Darmpassage des Nahrungsbreies aufweist, dann ist die Wirkung gering, weil die Zuckerarten dann von den Bakterien des Darms gespalten werden. Außerdem muß unbedingt darauf hingewiesen werden: Es kommt bei sehr vielen Patienten durch den bakteriellen Abbau des Zuckers zu störenden und schmerzhaften Gasbildungen und Blähungen.

Hydragoge Laxantien

Die hydragogen Laxantien müssen wieder in 2 Gruppen unterteilt werden.

- Da gibt es die schleimhautreizenden Mittel, die auch Anthrachinonderivate genannt werden.
- Und dann gibt es die Mittel ohne Reizung auf die Schleimhaut. Das sind die modernen Wirkstoffe Bisacodyl und Natriumpicosulfat, die zu den bestuntersuchten Substanzen zählen.

Die schleimhautreizenden Abführmittel

Zu den schleimhautreizenden Abführmitteln, den Anthrachinonderivaten, gehören viele pflanzliche Präparate, die als Tees, Dragees, Früchtewürfel, Zäpfchen und anderen Formen verabreicht werden. Sie werden aus Sennesblättern, Faulbaumrinde, aus der Blattoberfläche der Aloe vera und aus vielen anderen

Pflanzenbestandteilen gewonnen. Sie beeinflussen die Schleimhaut des Dickdarms sowie seine Muskulatur. Die Eindickung des Darminhaltes wird gehemmt und die Vorwärtsbewegung der Darmwellen gefördert.

Manche pflanzlichen Mittel attackieren den Darm

Die Wirkung dieser Mittel beruht auf folgendem Mechanismus: Sie werden durch Darmbakterien im Dickdarm in eine aktive Form verwandelt. Sie ist dann chemisch hoch aktiv und geht mit den biologischen Zellmembranen des Darms feste Bindungen ein. Das bewirkt auf der einen Seite die abführende Wirkung, zugleich aber entstehen Funktionsstörungen in der Schleimhaut im Dickdarm. Es kommt zu entzündlichen Veränderungen. Zellverbindungen in der Darmschleimhaut werden gelockert. Dadurch kann leichter Wasser aus dem Blut und aus dem Gewebe in den Darm gelangen, so daß der Speisebrei nicht eindicken kann.

Man kann dabei aber erkennen: Der Darm wird bei diesem Vorgang gereizt. Wenn man nun die Dosis steigert, kann das zu krampfartigen Bauchschmerzen führen. Behauptungen, daß diese Abführmittel mit der Zeit krebserregend wirken, konnten in jüngsten wissenschaftlichen Studien nicht bestätigt werden. Doch die starke Reizwirkung auf die Darmschleimhaut ist nachgewiesen.

Eine krebserregende Wirkung ist nicht erwiesen

Mittel ohne Reizung auf die Schleimhaut

Zu diesen modernen Abführmitteln, die dem letzten Stand der medizinischen Wissenschaft entsprechen, gehören die Wirkstoffe Bisacodyl und Natriumpicosulfat. Sie sind beide Vorläufer der chemischen Grundsubstanz BHPM. Sowohl Bisacodyl als auch Natriumpicosulfat werden im Verdauungstrakt durch spezielle Enzyme in die eigentliche Wirksubstanz BHPM umgebaut.

- Damit dies bei Bisacodyl ausschließlich dort geschieht, wo Verstopfung stattfindet, muß der Wirkstoff so intelligent dragiert werden, daß sich diese Verpackung, ph-gesteuert, erst im Dickdarm auflöst.
- Bei Natriumpicosulfat erfolgt der Umbau durch Enzyme, die von der Dickdarmflora gebildet werden. Deshalb kann Natriumpicosulfat auch in Form von Tropfen eingenommen werden.
- Die Wirkung wird also in beiden Fällen im Dickdarm entfaltet. Der Weg zur Wirkung ist zwar unterschiedlich, die Wirkung ist jedoch gleich.

Man weiß ganz genau, was nach der Einnahme dieser Wirkstoffe im Verdauungstrakt geschieht:

- Die glatte Darmmuskulatur wird direkt zum Zusammenziehen angeregt.

Der Kreislauf verliert keine Flüssigkeit

- Die Durchlässigkeit der Darmwand wird erhöht. Das bedeutet: Der Wassertransport von Blut- und Gewebsseite zum Darm hin wird erleichtert, ohne daß dabei Zellverbindungen in ihrer Struktur geschädigt werden. Es wird dadurch dem Kreislauf keine lebenswichtige Flüssigkeit geraubt.
- Die gesamte Darmsekretion wird gesteigert.
- Durch all diese Vorgänge wird das Volumen des Darminhaltes vermehrt, die Darmbewegungen werden so direkt und indirekt angeregt. Dabei wird die Darmschleimhaut weder gereizt, entzündet oder sonst verändert.
- Auch bei diesen Abführmitteln muß als Begleitmaßnahme reichlich Flüssigkeit aufgenommen werden.

Es ist interessant: Der Wirkstoff Bisacodyl existiert nun schon seit dem Jahr 1952. Und er ist nach wie vor die führende Ausgangsbasis für schonende Abführmittel. Diese Tatsache hat die deutsche Diplombiologin Kay Susanne Gadilhe veranlaßt, sich näher mit der Substanz und den daraus entwickelten Präparaten, den sogenannten Dulcolax-Präparaten, zu befassen. Sie hat darüber auf einem internationalen Medizin-Symposium für Gastroenterologie zum Thema Verstopfung auf der Mittelmeerinsel Malta im Sommer 1997 referiert.

Die Bedeutung der Wirkstoffe Bisacodyl und Natriumpicosulfat wird auch dem Laien sofort klar werden, wenn man gegenüberstellt:

Viele natürliche Abführmittel erzeugen bloß Durchfall

- Die anthrachinonhaltigen Naturstoffe sowie die osmotisch wirksamen Abführmittel erzeugen im Darm des Patienten schlicht und einfach vermehrt Durchfall.
- Die Füll- und Quellmittel fördern Blähungen und zeigen erst nach Tagen Wirkung.
- Dulcolax-Präparate mit den Wirkstoffen Bisacodyl und Natriumpicosulfat regen die natürliche Eigenbewegung des Darms direkt an. Sie bewirken bei normaler Anwendung und Dosierung keinen Durchfall. Sie sorgen für einen reibungslosen Weitertransport des Stuhls und dessen Ausscheidung.

Dadurch entsprechen diese Abführmittel genau den Anforderungen, die der Arzt und der Patient erwarten:

- Sie machen den Darm nicht träge. Im Gegenteil: Sie regen die notwendigen Eigenbewegungen an.
- Sie kommen erst dort zur Wirkung, wo sie gebraucht werden: nämlich im Dickdarm. Das ist möglich, weil die Dragees mit einer Spezialschicht überzogen sind, die den Wirkstoff sicher durch den Magen, durch den Zwölffingerdarm und durch den Dünndarm in den Dickdarm transportiert. Das ist

»Intelligente Verdauungshilfen« wirken im Dickdarm

auch mit der Grund, warum man diese Abführmittel sehr oft als »intelligente Verdauungshilfen« bezeichnet.

- Bei normaler Einnahme kommt es im Kreislauf zu keinem Flüssigkeitsverlust, also kann sich auch das Blut nicht eindicken.
- Da das Abführmittel auf seinem Weg in den Dickdarm praktisch nicht ins Blut, das heißt in den Körper aufgenommen wird, belastet es weder Herz, Kreislauf, Leber noch Magen.
- Es gibt praktisch keinen Elektrolytverlust.
- Da die Wirkung erst im Dickdarm stattfindet, kann der Organismus ungestört im Dünndarm aus dem Speisebrei Nährstoffe, Vitamine, Mineralien und Spurenelemente entnehmen.
- Die Wirkstoffe Bisacodyl und Natriumpicosulfat in der Dulcolax-Form können gezielt und individuell eingesetzt werden. Dadurch genügen oft ganz geringe Dosierungen, um bereits zum Erfolg zu gelangen.
- Es gibt keine gravierenden Nebenwirkungen.
- Mit diesen High-Tech-Verdauungshilfen können praktisch alle Formen der Darmträgheit und Verstopfung behandelt werden.

Wie gefährlich ist es, wenn man Abführmittel längere Zeit nimmt?

Jeder, der an Verstopfung leidet, mit Hausmitteln, Ernährung und Bewegung keinen Erfolg hat, der wird sich – vermutlich im Einvernehmen mit dem Arzt – entscheiden, ein Abführmittel zu nehmen. Wenn er zu jener Gruppe von Patienten gehört, die unter Nervenstörungen in den Darmwänden und unter innersekretorischen Drüsenstörungen leidet, ist das für ihn die einzige Möglichkeit, seine Verdauung wieder in den Griff zu bekommen.

Manche müssen jahrelang Abführmittel nehmen

Und aller Voraussicht nach wird er das Abführmittel über einen längeren Zeitraum einnehmen müssen, vielleicht sogar über viele Jahre. Verständlicherweise ergibt sich da die Frage: Wie schädlich ist es eigentlich, lange Zeit ein Abführmittel einzusetzen?

Die Sorge ist berechtigt, da es medizinische Erfahrungswerte von den pflanzlichen und schleimhautreizenden Präparaten gibt. Da weiß man, daß bei übermäßigem Gebrauch außer einer möglichen Schädigung der Darmschleimhaut im Organismus auch ein Mangel am Mineralstoff Kalium entstehen kann. Zusätzlich kann es zu einem Nachlassen der notwendigen Muskelspannungen in der glatten Darmmuskulatur kommen. Und das führt dazu, daß die Obstipation erst recht wieder zunimmt. Ein Teufelskreis.

Nun hat eine spektakuläre Studie gezeigt, daß es bei Abführmitteln mit Bisacodyl und Natriumpicosulfat bei Anwendung über längere Zeit zu keinen Schädigungen und Nebenwirkungen kommt.

Eine Studie mit querschnittsgelähmten Patienten

Die Studie wurde unter der Leitung von Dr. Max H. Ruidisch in der Berufsgenossenschaftlichen Unfallklinik Murnau, im Zentrum für Wirbelsäulen- und Rückenmarkverletzungen, durchgeführt. Bei den 100 Probanden handelte es sich um querschnittsgelähmte Patienten, die aufgrund ihres körperlichen Zustandes für einen geregelten Stuhlgang auf Abführmittel nicht verzichten können.

Die Patienten wurden in einem Zeitraum bis zu 34 Jahren unter ständiger ärztlicher Beobachtung mit dem Wirkstoff Bisacodyl versorgt: und zwar mit Dul-

colax-Präparaten – an bestimmten Tagen zur gezielten Darmentleerung.
Das Ergebnis der Studie: Kein einziger der Patienten verzeichnete ein Nachlassen der Wirkung des Abführmittels. Die Dosis mußte nie gesteigert werden. Es wurden keinerlei gravierende Nebenwirkungen verzeichnet. Und trotz der extrem langen Anwendungszeit wurde in den Laboranalysen im Blut kein Kaliummangel festgestellt.

Bei Bisacodyl wurden keine Langzeitfolgen beobachtet

Man sieht: Auch in der Langzeitanwendung haben wieder die Präparate mit Bisacodyl und Natriumpicosulfat die »Nase vorne«, sind allen anderen Abführmitteln weit überlegen. Das ist für Menschen, die Verdauungshilfen einsetzen müssen und verantwortungsvoll damit umgehen wollen, eine sehr wichtige Erkenntnis.

Not macht erfinderisch: Die Entdeckung des Bisacodyls

Mancher, der sich jetzt mit den verschiedenen Wirkstoffen in Abführmitteln befaßt hat, wird sich fragen: Was hat es mit diesem Bisacodyl eigentlich auf sich? Was ist das für eine Substanz? Und wie hat man es entdeckt? Das ist eine ebenso spannende wie kuriose Geschichte.
Der Zweite Weltkrieg war zu Ende. Deutschland lag in Trümmern. Eine neue Zukunft mußte aufgebaut werden. Es gab nichts. Keine Lebensmittel, aber auch keine medizinischen Produkte. Die Menschen litten auch damals an Verdauungsstörungen, vor allem an Verstopfung. Die führenden Abführmittel, die vor dem Krieg verwendet wurden, hatten als Grundlage

die Wirkstoffe aus Sennesblättern, Sennesschoten, Aloeblättern, Rhabarberwurzel und Cascararinde. All diese Rohstoffe waren einfach nicht zu kriegen und wurden doch so dringend benötigt.

Es gab natürlich bereits synthetische Laxantien, aber sehr wenige. Ihre Wirkung war oft nicht sehr zufriedenstellend, und sie war sehr oft mit schweren Nebenwirkungen verbunden. Das konnte die Medizin nicht akzeptieren.

Ein neuer, zuverlässiger Wirkstoff mußte her

Also stand die Forderung im Raum: Es muß ein neuer Wirkstoff für eine neue Generation von Verdauungshilfen her. Ein modernes Präparat sollte in kleinen Dosen einsetzbar und zuverlässig wirksam sein, möglichst auch bei rektaler Verabreichung. Und es sollte keine schwerwiegenden Nebenwirkungen haben.

Die Wissenschaftler in den Laboratorien der deutschen Thomae-Forschung in Biberach nahmen die Herausforderung an. Sie gingen an die Arbeit und begannen im Jahr 1948 mit der Synthese von Substanzen in der vorgezeichneten Richtung. Dabei diente als Vorbild eine kurz zuvor als abführend bekanntgewordene chemische Substanz. Durch entsprechende Abwandlung wurde nun eine Vielzahl von Verbindungen hergestellt.

Die strenge Prüfung der Substanzen und ihrer Wirkung, aber auch ihrer Nebenwirkungen, wurden von Dr. L. Schmidt im Pharmakologischen Institut der Universität Freiburg durchgeführt. Und dabei wurde eine größere Anzahl von wirksamen Verbindungen gefunden, die aber die Forscher in den Thomae-Labors noch nicht zufriedenstellten.

Erst die 96. Wirkstoffverbindung brachte den Erfolg

Man muß sich das vorstellen: Es wurde weitergearbeitet, und erst die 96. Verbindung der Grundsubstanz – genannt La 96 – brachte den gewünschten

Erfolg. Das Geheimnis der Entdeckung: Ein Stickstoffatom wurde in einen Benzolring hineinverlegt.
Allerdings gab es mit dieser Substanz ein Problem: Sie ließ sich in gebräuchlichen Lösungsmitteln kaum lösen. Aber auch das wurde schließlich gelöst. Ein neues Abführmittel war geboren.
Bei den Verträglichkeitsprüfungen am Menschen – in zahllosen Selbstversuchen der Wissenschaftler und ihrer engsten Familienmitglieder – zeigte sich, daß es von Vorteil wäre, bei den Dragees einen magensaftresistenten Überzug anzubringen. Wieder starteten zahllose Versuche mit bis dahin bereits bekannten Substanzen. Alle verliefen nicht zufriedenstellend. Dann endlich kam eine neue Substanz auf den Markt. Sie hatte die gewünschten Eigenschaften. Das Problem war gelöst. Zuerst kam nun der neue Wirkstoff als »Laxans Thomae« auf den Markt, der dann weltweit bald »Dulcolax« genannt und mit dem Generic-Namen »Bisacodyl« versehen wurde. 1952 war es dann soweit. Die neue Generation von Verdauungshilfen war da und stellte eine Revolution in der Therapie von Verstopfung dar.

Eine neue Generation von Verdauungshilfen

Bisher gibt es über das Bisacodyl oder Dulcolax nicht weniger als 1 420 wissenschaftliche Veröffentlichungen. Aber nicht nur die Ärzte und Apotheker wurden informiert. Erstmals wurden von Forschern für die betroffenen Patienten schriftliche Informationen weitergegeben: Lebenshilfetips, wie man sich bei Verstopfung verhält und wie man sinnvoll gegen das Leiden vorgeht. Damit wurde ein Tabu gebrochen. Bis dahin war es nicht üblich, über das Volksleiden Verstopfung zu reden. Mit der Entdeckung des Bisacodyl wurde eine Tür aufgestoßen. Man begann plötzlich über das Problem der Obstipation zu kommunizieren.

Heute ist dieser Wirkstoff aus einem deutschen Labor von den Gesundheitsbehörden in allen Staaten der Welt anerkannt. Und er hat sich international als die beste Substanz gegen Verstopfung durchgesetzt.

Die 3 verschiedenen Formen der Abführmittel: Wann nehme ich was?

Jedem, der sich entschlossen hat, zur Behebung seiner Verstopfung ein Abführmittel zu nehmen, wird aufgefallen sein, daß es verschiedene Darreichungsformen gibt: Zäpfchen, Dragees oder Tropfen. Die Frage des Betroffenen lautet nun: Wann nehme ich was? Wo liegt die Bedeutung der einzelnen Dulcolax-Präparate mit den Wirkstoffen Bisacodyl (Zäpfchen und Dragees) sowie Natriumpicosulfat (Tropfen)?
Darauf gibt es eine klare medizinische Antwort:

Zäpfchen wirken besonders schnell

- Die Zäpfchen regen die Darmmuskulatur innerhalb von 10 bis 20 Minuten an. Sie sind daher ganz besonders geeignet für Bettlägrige, für Schwangere und Kranke, die ihre Arznei nicht schlucken können oder wollen.
- Die Dragees nimmt man abends ein, wenn man für den nächsten Morgen die Wirkung planen will. Sie sind sehr klein und leicht einzunehmen. Sie wirken innerhalb von 5 bis 10 Stunden.
- Die Tropfen wirken innerhalb von 10 bis 12 Stunden und eignen sich ganz besonders für eine exakte, individuelle, kleinstmögliche Dosierung. Sehr sensible Menschen haben bereits bei ganz wenigen Tropfen einen zufriedenstellenden Erfolg. Menschen mit Schluckproblemen greifen auch gerne darauf zurück. Sehr wichtig: Es gibt keine

Wechselwirkungen mit Medikamenten gegen Sodbrennen oder Magenbeschwerden. Auch die Tropfen nimmt man am besten – wie die Dragees – abends ein, damit man am nächsten Morgen die Wirkung hat.

Verstopfung muß individuell behandelt werden

Aus den verschiedenen Formen ist ganz deutlich ersichtlich: Jeder Betroffene hat die Möglichkeit, die Behandlung der Verstopfung ganz seinen individuellen Vorstellungen und Gepflogenheiten anzupassen. Sie sehen: Im Rahmen des gesamten Verdauungs-Trainings gegen Obstipation muß man von der ersten bis zur letzten Stufe sehr oft selbst die Entscheidung treffen.

Nachwort: Gute Verdauung für Gesundheit, Vitalität, Fitneß und Schönheit

Nach der Sorge um den Arbeitsplatz kommt bei den meisten Deutschen gleich in der Liste der wichtigsten Wünsche die Gesundheit, die geistige und körperliche Vitalität und die Fitneß im Beruf sowie im Privatleben. Jeder möchte gut drauf sein, damit er sich am Arbeitsplatz behaupten, damit er Geld verdienen und sich etwas leisten kann. Dazu ist eben die Voraussetzung eine gute Gesundheit, aber auch ein gewisses Maß an Attraktivität. Schon in der Antike hat man gewußt: Ein wesentlicher Grundstock für die Gesundheit ist eine gut funktionierende, ungestörte Verdauung. Sie hält damit auch den Körper fit, verleiht die nötige Vitalität. Hippokrates ist noch weiter gegangen. Er hat den Frauen immer wieder gesagt: Eine gesunde Verdauung ist auch ein wertvoller Beitrag für die – Schönheit. Wenn im Magen- und Darmbereich alles in bester Ordnung ist, dann sind Haare und Haut meist ohne Fehler, die Augen glänzen, das gesamte Äußere ist optimal. Sehen Sie: Wenn nun die Verdauung so viel Positives für uns tun kann, dann lohnt es sich in jedem Fall, das ganze Leben lang ein Verdauungs-Training durchzuführen. Ich hoffe, daß ich Ihnen mit diesem Buch einige Anregungen geben konnte.

Gesunde Verdauung ist auch ein Kosmetikum

Literatur

BACHMANN, R.: »Gesunder Darm – gesunder Mensch«, Trias Verlag, Stuttgart 1996

CLODI, P. H.: »Nie wieder Darmträgheit«, Bildbuch Verlag, Wien 1993

GROTHE, R. / ZIELMANN, S.: »Gastrointestinale Mobilitätsstörungen bei Intensivpatienten«, Springer Verlag, Berlin 1995

INTERNATIONALER DDC-KONGREß IN LAUSANNE: »Das Digestive Discomfort Syndrom«, März / April 1995

KNAUTH, K. / REINERS, B. / HUHN, R.: »Physiotherapeutisches Rezeptierbuch«, Steinkopff Verlag, Darmstadt 1979

KNOPF, H. / BRAEMER-HAUTH, M. / MELCHERT, H. U. / THEFELD, W.: »Ergebnisse der Nationalen Untersuchungs-Surveys zum Laxantienverbrauch«, Bundesgesundheitsblatt 12/95

LAWRENCE, G.: »Save Your Stomach«, Crown Publishers, New York 1977

MAIER, K. F.: »Der Verdauungs-Kompaß«, Kneipp Verlag Österreich, Leoben 1994

MAYER, F. X.: »Schönheit und Verdauung«, Verlag Neues Leben, Alberschwende 1984

MÜLLER-LISSNER, S.: »Obstipation, Befindensstörung, Symptom oder Krankheit?«, Deutsches Ärzteblatt, Köln 50/1994

–: »Constipation and Irritable Bowel Syndrome«, European Journal of Gastroenterology & Hepatology 8/93

–: »Functional Disorders of the Lower Gastrointestinal Tract«, European Journal of Gastroenterology & Hepatology 12/93

–: »Darmerkrankungen: Ursachen, Beschwerden, Behandlung«, Wort und Bild Verlag, Baierbrunn 1994

– / AKKERMANS L. M. A.: »Chronische Obstipation und Stuhlinkontinenz«, Springer Verlag, Berlin 1993

–: »Obstipation – Ursachen und therapeutische Alternativen«, Pharmazeutische Rundschau 5/96

–: »Obstipation und fäkale Inkontinenz«, Internist 36, Springer Verlag 1965

PFEIFFER, A.: »Magen-Darm-Beschwerden natürlich behandeln«, Gräfe und Unzer 1991

PFLUGBEIL, K. / NIESTROJ, I.: »Gesundheit aus dem Bauch«, Herbig Verlag, München 1998

–: »Das innere Dreieck«, Herbig Verlag, München 1997

PLUM, H.: »Magen / Darm, Thomae Akademie«, PTA Kolleg, Biberach 1994

PRESTON, D. M. / LENNARD-JONES, J. E.: »Severe Chronic Constipation of Young Women«, Gut 27/1986

ROTH, W. / BESCHKE, K.: »Pharmakokinetik und laxierende Wirkung von Bisacodyl nach Gabe verschiedener Zubereitungsformen«, Arzneimittel-Forschung / Drug Research, ECV, Cantor Verlag 38/1988

SIGERIST, H. E.: »Anfänge der Medizin«, Europa Verlag, Zürich, 1963

Symposium »Psyche und Verdauung« auf Malta, Juni 1997

WILHELM, K.: „Daten-Highway vom Gehirn zum Bauch«, Die Welt, Axel Springer Verlag, 2. April 1997

Register